Weiterführend empfehlen wir:

Gelassenheit siegt!
ISBN 978-3-8029-4525-0

Selbstbewusst!
ISBN 978-3-8029-4658-5

**Redetraining als
Persönlichkeitsbildung**
ISBN 978-3-8029-4666-0

**Du gehst mir
auf den Geist**
ISBN 978-3-8029-4542-7

**Selbstsicher reden
Selbstbewusst handeln**
ISBN 978-3-8029-4533-5

**Killerphrasen souverän
knacken**
ISBN 978-3-8029-3263-2

Keiner versteht mich
ISBN 978-3-8029-3385-1

**Menschen gewinnen per
Telefon**
ISBN 978-3-8029-4650-9

Wir freuen uns über Ihr Interesse an diesem Buch. Gerne stellen wir Ihnen zusätzliche Informationen zu diesem Programmsegment zur Verfügung.

Bitte sprechen Sie uns an:

E-Mail: WALHALLA@WALHALLA.de
http://www.WALHALLA.de

Walhalla Fachverlag · Haus an der Eisernen Brücke · 93042 Regensburg
Telefon (09 41) 56 84-0 · Telefax (09 41) 56 84-111

Heinz Ryborz

Geschickt kontern:

Nie mehr

sprachlos!

Schlagfertigkeit trainieren und
angemessen einsetzen

7., aktualisierte Auflage

WALHALLA FACHVERLAG

Bibliografische Information Der Deutschen Bibliothek

Die Deutsche Bibliothek verzeichnet diese Publikation in der Deutschen Nationalbibliografie; detaillierte bibliografische Daten sind im Internet über http://dnb.ddb.de abrufbar.

Zitiervorschlag:
Heinz Ryborz, Geschickt kontern: Nie mehr sprachlos!
Walhalla Fachverlag, Regensburg 2008

7., aktualisierte Auflage

Produktion: Walhalla Fachverlag, 93042 Regensburg
Umschlaggestaltung: grubergrafik, Augsburg
Druck und Bindung: Westermann Druck Zwickau GmbH
Printed in Germany
ISBN 978-3-8029-4629-5

Nutzen Sie das Inhaltsmenü:
Die Schnellübersicht führt Sie zu Ihrem Thema.
Die Kapitelüberschriften führen Sie zur Lösung.

Schnellübersicht

Schnellübersicht

Meisterhaft parieren

Die folgende Anekdote berichtet von einem Erlebnis, das Abraham Lincoln, dem 16. Präsidenten der USA, widerfuhr. Als er noch nicht in Amt und Würden war, begegnete ihm auf der Straße eine junge Dame zu Pferde. Als sie ihn erreichte, zügelte sie ihr Pferd und sah Lincoln lange an. „Ich meine", sagte sie dann zu Lincoln, „Sie sind der hässlichste Mann, der mir je begegnet ist." Obwohl ihn das sehr traf, erwiderte Lincoln mit gespielter Ruhe, dass er ja daran nichts ändern könne. „Doch, Sie können", rief die Dame empört. „Sie können zu Hause bleiben."

Ob es nun dieses oder weitere Erlebnisse dieser Art waren, bei Lincoln reifte die Einsicht, dass das nette und höfliche Hinnehmen derartiger Unverschämtheiten und Rüpeleien nicht das richtige Verhalten sein könne. Als er später als Präsident auf dem Weg zum Rednerpult war, hörte er die spitzzüngige Bemerkung eines Zuhörers: „Der sieht ja aus wie ein Durchschnittsmensch." Lincoln wandte sich zu dem Mann und erwiderte: „Lieber Freund, Gott bevorzugt Durchschnittsmenschen, denn sonst hätte er nicht soviel davon geschaffen." Mit dieser Antwort hatte er die Lacher auf seiner Seite.

Nun zu Ihnen. Welche Situationen haben Sie erlebt, bei denen Sie sich gewünscht hätten, nicht wie ein Lamm, sondern schlagfertig zu reagieren?

„Das hat mich sehr wütend gemacht", sagte mir Frau Müller. „Da kommt ein Kollege vorbei und stachelt mich mit dem Satz an: ‚Du kommst wohl überhaupt nicht voran mit deiner Arbeit.' Mir fiel doch tatsächlich nichts ein, was ich auf die Frechheit hätte erwidern können. Dabei weiß ich schon seit längerer Zeit, dass Kollege Meier neidisch auf mich ist, weil mir das wichtige Projekt übertragen wurde und nicht ihm. Ich bin richtig sauer auf mich, weil mir in dieser Situation keine Antwort einfiel."

Meisterhaft parieren

Anlässe für Schlagfertigkeit sind allgemein unangenehme und peinliche Situationen, mit denen Sie nicht gerechnet haben und die eine Reaktion erfordern.

Vielleicht sind Sie in einer Diskussion. Ihre Argumente sind gut bei den Zuhörern angekommen und Sie stehen kurz vor dem Erfolg. Plötzlich macht Ihr Konkurrent eine freche Bemerkung über Ihre Jacke. Alle Anwesenden lachen.

Wann haben Sie zuletzt in einer Situation das Gefühl erlebt: Sie wollen kontern, weil Sie sich nicht alles bieten lassen wollen. Mit einem treffenden kurzen Satz hätten Sie sich Respekt verschafft, und Ihr Selbstwertgefühl wäre wieder hergestellt. Vielleicht ist Ihnen ein solcher Satz später eingefallen, und Sie ärgern sich, dass Sie nicht schon in der herausfordernden Situation schlagfertig reagiert haben. Nun ist es aber zu spät, und Sie fühlen sich unbehaglich.

Selbstbewusst in jeder Situation

Schlagfertigkeit ist in vielen Lebenslagen erforderlich. So zum Beispiel, wenn

- Sie eine zudringliche Frage gestellt bekommen

- Sie jemand in eine peinliche Situation bringt

- Ihnen jemand etwas unterstellt

- Sie angegriffen werden

- Sie jemand einzuschüchtern versucht

- Sie bei Diskussionen an die Wand gedrückt werden

Wer viel reden und verhandeln muss, weiß, wie wichtig Schlagfertigkeit ist. Nicht immer siegen Sie mit den besten Argumenten. Oft führt erst eine schlagfertige Antwort zum Erfolg.

Schlagfertigkeit hilft Ihnen, im Berufs- und Geschäftsleben selbstbewusster zu werden. Mit Schlagfertigkeit erhalten Sie Ihre persönliche Souveränität und schützen sich vor Verbalattacken. So können Sie Ihre Selbstachtung erhalten und Ihre Würde verteidigen.

Sie setzen also Schlagfertigkeit ein, wenn

- man Ihnen Geringschätzung statt Respekt entgegenbringt

- Sie Ihre berechtigten Interessen vertreten

- man Ihnen etwas aufzwingen will

Wer schlagfertig sein will, muss sich von wirklichkeitsfremden Einstellungen und vom Bravsein in jeder Situation verabschieden. Damit haben aber viele Menschen Schwierigkeiten, denn sie huldigen dem Rezept: „Bin ich nett zu anderen, sind sie auch nett zu mir." Dieses Rezept funktioniert manchmal, aber nicht immer. Dennoch wird ein solches Vorgehen in vielen Büchern und bei Seminaren als Erfolgskonzept schlechthin dargestellt. Einseitigkeiten lassen sich eben leichter darstellen als komplexe Lebensrealitäten.

Schlagfertigkeit ist meist nicht angebracht, um Konflikte zu schlichten. Schlagfertigkeit vermag aber durchaus auch gelegentlich eine Situation zu entschärfen. Und häufig ist Nettigkeit keine angemessene Reaktion, um sich gegen unangenehme Menschen zu wehren. Diese Zeitgenossen ändern häufig dann ihr Verhalten, wenn sie etwas borstiger behandelt werden.

Wenn wir den Begriff Schlagfertigkeit vor dem Hintergrund der Sprache analysieren, so hört er sich nicht gerade nett an, Schlag-Fertigkeit. Es geht hier um das Schlagen, genau genommen um die Fertigkeit, im richtigen Augenblick geschickt zurückzuschlagen. Das Buch will Ihnen helfen, diese Fertigkeit zu erlernen.

Meisterhaft parieren

Bei meinen Seminaren habe ich immer wieder festgestellt, dass Menschen durch dumme Sprüche und fiese Bemerkungen sehr verletzt werden. Diese Kränkungen und Verletzungen vergessen sie oft jahrelang nicht. Seminarteilnehmer stellen mir immer wieder die Frage: Wie kann ich mich wehren, wenn mich der Chef unsachlich kritisiert? Wie reagiere ich, wenn mich ein Kunde am Telefon beleidigt? Was kann ich tun, wenn mich ein Verhandlungspartner angreift? Wie wehre ich mich gegen die Sticheleien meiner Kolleginnen und Kollegen?

Übung macht Sie dreister

Das Buch vermittelt Ihnen unterschiedliche Arten der Schlagfertigkeit. Es gibt zum Beispiel eine witzige Schlagfertigkeit, bei der Sie zu einer gegebenen Situation eine witzige Bemerkung machen. Um Ihnen zu helfen, die Schlagfertigkeit differenziert einzusetzen, wird zwischen frechen und sanften Schlagfertigkeitstechniken unterschieden.

Um schlagfertig zu werden, müssen Sie zunächst die richtige Einstellung entwickeln, wie in Kapitel 1 gezeigt. In Kapitel 2 werden die witzige Schlagfertigkeit und die Anforderungen an die Schlagfertigkeit behandelt. Kapitel 3 legt Ihnen die härteren, Kapitel 4 die weichen Methoden der Schlagfertigkeit dar.

Natürlich ist jede Einteilung subjektiv, Sie können durchaus eine eigene Einschätzung vornehmen. Entscheidend ist allerdings, dass Sie nicht nur die weichen, sondern auch die harten Techniken einsetzen, um sich vor Einseitigkeiten zu hüten.

Damit Sie in Zukunft schneller reagieren können, werden Ihnen Standardantworten angegeben. Suchen Sie diejenigen heraus, die Ihnen am besten gefallen.

Kapitel 5 macht Sie mit Techniken bei Auseinandersetzungen und Diskussionen vertraut. Derartige Techniken werden auch unter dem Begriff „Dialektik" zusammengefasst. Sie erfahren in dem Kapitel auch, wie Sie sich gegen unfaire Techniken behaupten.

Kapitel 6 beschäftigt sich mit der Frage, ob Schlagfertigkeit das alleinige Erfolgsrezept ist. Sie lernen Vorgehensweisen für Situationen, in denen harte Schlagfertigkeit nicht angebracht ist.

Kapitel 7 gibt Ihnen Hinweise, wie Sie Ihre Schlagfertigkeit trainieren, um sie dann im Alltag immer besser einzusetzen.

In einem Geschäft sah ich einmal ein Plakat hängen. Darauf war ein freundlich dreinblickender und darunter ein böse schauender Hund abgebildet, der obendrein noch die Zähne fletschte. Darunter stand der sinnige Text: „Intelligenz heißt, Unterschiede zu erkennen."

Sie sind dann eine Meisterin oder Meister der Schlagfertigkeit, wenn Sie diese in Ihrem ganzen Facettenreichtum anwenden. Natürlich ist es dafür notwendig, Unterschiede in den jeweiligen Situationen zu erkennen. Dabei will Ihnen das Buch helfen.

Was zunächst als Herausforderung empfunden wird, öffnet Ihr Bewusstsein bald immer mehr für die Vielfalt menschlichen Verhaltens und menschlicher Kommunikation. Die Kommunikation hat sich in den letzten Jahren etwas verändert. Sie ist bissiger, dynamischer und provokativer geworden. Deshalb gilt es, die ganze Bandbreite der Schlagfertigkeit zu entwickeln. Das erfordert auch Mut zu Experimenten.

Bedenken Sie: Es gibt keine Niederlagen. Sie erleben nur neue Erfahrungen und Lernprozesse. Und wenn Sie wegen Ihrer großen Bandbreite der von Ihnen verwendeten Techniken der Schlagfertigkeit mit den unterschiedlichen Situationen spielerisch umgehen können, erleben Sie eine große geistige Flexibilität und damit innere Freiheit.

Dazu wünsche ich Ihnen viel Mut und Erfolg!

Prof. Dr. Heinz Ryborz

Die richtige Einstellung zur Schlagfertigkeit

1

Warum mehr Frechheit erforderlich ist

Gehören Sie zu den Menschen, die es sich mit niemandem verscherzen wollen, wie es oft formuliert wird? Halten Sie lieber den Mund und beschweren Sie sich dafür bei anderen, was man Ihnen wieder angetan hat? Haben Sie Hemmungen, gegen einen unfairen Angriff eines Kollegen vorzugehen, weil Sie den Konflikt fürchten, der sich daraus entwickeln könnte? Fressen Sie lieber den Ärger in sich hinein, weil Sie meinen, das sei die beste Lösung? Das folgende Beispiel zeigt Ihnen, wie wenig wirksam eine Vermeidungsstrategie dieser Art ist.

Beispiel:

Helen war in einer Werbeagentur beschäftigt. Ein Kollege quälte sie erst mit kleineren Nadelstichen. Helen reagierte empört, doch immer hilflos. Da sie sich nicht wehrte, nahmen die Provokationen zu. Helen war das vollkommene Opfer. Das erkannten auch die anderen Kollegen. Und so wurde sie auch bald von anderen Mitarbeitern gering geschätzt, missachtet und angegriffen.

Helen gehört zu den Menschen, die in der Nettigkeitsfalle gefangen sind. Freundlichkeit ist ein Bestandteil ihres Wesens, sogar ein sehr wesentlicher. Sie ist nicht bereit, offensiv zu werden und sich zu wehren. Doch ihre Vermeidungsstrategie führt nicht zum gewünschten Erfolg. Ihre Schwierigkeiten werden immer größer.

Praxis-Tipp:

- Um schlagfertig zu werden, ist die Bereitschaft notwendig, sich zu wehren.

- Entwickeln Sie die Einstellung: „Das lasse ich mir nicht mehr gefallen!"

Sie können das auch so formulieren: „Ich zeige nicht nur Nettigkeit und Freundlichkeit. Ich zeige auch mal Kanten. Ich entwickle Mut zur Frechheit." Anders ausgedrückt: „Ich entwickle mich immer mehr von einem defensiven Menschen zu einem offensiven. Ich behaupte mich und bin nicht immer auf den Beifall der anderen aus."

Zurück zu Helen. Sie ist ein Beispiel für viele Frauen. Ihnen wurde stets eingeredet, sie hätten immer sanft, nett und freundlich zu sein. Doch nicht nur das. Frauen haben außerdem oft ein stärkeres Bedürfnis, akzeptiert und geliebt zu werden und deshalb fällt es ihnen schwerer als manchen Männern, sich aus der Nettigkeitsfalle zu befreien. Um nicht weiter zu leiden, entschloss Helen sich schließlich doch, sich zu wehren. Sie schrieb sogar einige schlagfertige Antworten auf und lernte sie auswendig. Und die Bereitschaft sich zu wehren strahlte sie auch aus. Offenbar spürten das auch die Kollegen, und die erwarteten Sticheleien und Angriffe blieben zunächst aus. Als dann Helen einige Tage später bei einem dummen Spruch eines Kollegen sofort mit ihrer zurechtgelegten Antwort parierte, war nun der Kollege verblüfft und vermochte nichts mehr zu sagen. Helen hatte ihr Erfolgserlebnis. Sie hatte gelernt, dass sie nicht dann geachtet wird, wenn sie es anderen immer recht macht. Mit Schlagfertigkeit machte sie dem Kollegen klar, dass er zu weit gegangen war.

Praxis-Tipp:

Mit Schlagfertigkeit bekommen Sie mehr Achtung vor sich selbst und gewinnen Respekt.

Mitmenschen werden Sie also mehr respektieren, und Sie schützen Ihre Würde. So zeigen Sie Stärke und schrecken Angreifer ab.

Wichtig: Sie werden die Techniken der Schlagfertigkeit nur dann anwenden, wenn Sie auch ein anderer Mensch werden. Ändern Sie also zunächst Ihre Grundeinstellung.

Die richtige Einstellung zur Schlagfertigkeit

Denken Sie nicht:

- Ich will immer nett sein.

- Ich kann doch sowieso nichts machen.

- Ich habe kein Recht, mich zu wehren.

- Ich darf nicht empfindsam sein.

Verinnerlichen Sie vielmehr den Satz:

- Ich behaupte mich – Ich bin selbstbewusst!

Blockaden überwinden

Jeder, der mit einer dummen Bemerkung konfrontiert oder ange-griffen wird, ist zunächst verletzt und verwirrt. Zum einen purzeln die Gedanken und Gefühle wie in einem Wäschetrockner durch-einander, zum anderen lässt die meisten Menschen die Person des Angreifers nicht mehr los. Wenn aber Ihr Bewusstsein von unangenehmen Gefühlen und der Person des Angreifers besetzt ist, haben Sie keinen klaren Kopf. Sie können sich nicht richtig wehren.

Praxis-Tipp:

Bewahren Sie bei Provokationen die Übersicht und geistige Klarheit. Lassen Sie sich nicht von einem Strudel von Gefüh-len mitreißen.

Schlagfertig sind Sie natürlich nicht, wenn Ihnen die passende Antwort erst einige Stunden später einfällt. Aber für eine bravou-röse Retourkutsche haben Sie doch schon wenige Sekunden Zeit. Denn der Angreifer wird vermutlich nach seinem Angriff nicht sofort aus dem Zimmer rennen.

Parade nach der Verbalattacke

Was können Sie also tun, um sich von Angriffen nicht lähmen zu lassen?

Hier eine Technik, mit der Sie sich vor der negativen Wirkung der Provokation schützen können. Wenn Sie von einem anderen massiv mit Worten angegriffen wurden, gehen Sie folgendermaßen vor:

- Atmen Sie nach dem Angriff tief ein und tief aus. Nur wenn das Gehirn genügend Sauerstoff hat, kann es gut denken. Gönnen Sie sich einen tiefen Atemzug.

- Setzen Sie sich nicht mit der Antwort unter Druck. Nehmen Sie sich Zeit.

Da die meisten Angriffe dumm und unhöflich sind, ist es überhaupt nicht notwendig, eine besonders intelligente Erwiderung vorzunehmen. Sie finden für solche Situationen in diesem Buch noch genügend kurze Antworten.

Die Methode des tiefen Ein- und Ausatmens in schwierigen Situationen ist sehr alt. Schon Caesar soll sie angewendet haben. Auch Ihnen wird sie helfen.

Verringern Sie Ihre Angriffsfläche

Sie werden dann emotional stark, wenn Sie sich nicht von den negativen Gefühlen und Aggressionen anderer anstecken lassen. Nur wenn Sie einen Aufruhr der Gefühle vermeiden, haben Sie die geistige Klarheit, geschickt und erfolgreich zu reagieren und sich zu wehren. Es geht also nicht nur darum, in Ihren Stimmungen und Gefühlen davon unabhängig zu werden, wie andere Sie behandeln. Um gelassen zu bleiben, müssen Sie in allen Situationen grundsätzlich Einfluss auf Ihre Gefühle nehmen.

Die richtige Einstellung zur Schlagfertigkeit

Sie sollten daher lernen, Ihre Gefühle zu einem gewissen Grad zu steuern. Sie werden innerlich stark, wenn Sie Einfluss auf Ihre Gefühle gewinnen. So behalten Sie Übersicht.

Es gibt verschiedene Methoden, mit denen Sie sich von den Einflüssen negativer Emotionen anderer Menschen besser lösen können.

Die Methode des emotionalen Schutzschildes

Stellen Sie sich vor Ihrem geistigen Auge ein Schild aus unzerstörbarem dicken Panzerglas vor. Sie können durch dieses Glas hindurchsehen und alles verfolgen und mithören. Die negativen Emotionen der anderen erreichen Sie nicht. Das Glas schützt Sie davor. Geben Sie sich ganz der Vorstellung hin. Verstärken Sie zusätzlich die Wirkung des Schutzschildes, indem Sie sich sagen: „Ich bin innerlich stark und gelassen."

Richtig effektiv wirkt der gläserne Schutzschild erst dann, wenn Sie ihn häufiger in Ihrer Vorstellung aufgebaut haben.

Übung: Emotionaler Schutzschild

Beginnen Sie damit zunächst, wenn Sie allein im Zimmer sitzen. Üben Sie anschließend in harmlosen Situationen. Das kann zum Beispiel bei einem unwichtigen Gespräch erfolgen. Bei dieser Übung ziehen Sie stets Ihre Aufmerksamkeit von der Außenwelt ab und konzentrieren sich ganz auf sich. Wenn Sie diese Übung mehrfach trainiert haben, dann vermögen Sie diese Bewusstseinsqualität im Bruchteil einer Sekunde selbst in bedrohlichen Situationen aufzubauen und sich vor einem negativen Einfluss zu schützen. So bewahren Sie Gelassenheit und werden nicht in einen Gefühlsstrudel hineingerissen. Auch diese Methode ist schon uralt. Varianten davon sind die Schutzglocke oder eine schützende Aura. Natürlich funktioniert die Methode auch bei jedem anderen Schutz, den Sie sich um sich vorstellen.

Schaffen Sie eine kreative Distanz

Wenn Sie schlagfertig kontern wollen, brauchen Sie Abstand zur aktuellen Situation. Um die richtige Distanz aufzubauen, eignet sich die Methode der Hubschrauberperspektive.

Die Hubschrauberperspektive

Stellen Sie sich vor, Sie schweben in einem Hubschrauber sitzend einige Meter über dem Boden und schauen auf sich und die Situation. So lösen Sie sich aus der Verstrickung in die Situation und bauen Distanz auf. Da Sie so wie ein neutraler Beobachter agieren, gewinnen Sie den nötigen Abstand und haben einen besseren Überblick. In einer solchen Perspektive bewahren Sie Gelassenheit, der Geist ist nicht vernebelt, sondern frei für schlagfertige Antworten.

Übung: Hubschraubertechnik

Auch bei dieser Übung gilt: Trainieren Sie zunächst allein. Dann versuchen Sie, die Hubschrauberperspektive in harmlosen Gesprächen anzuwenden. Mit einiger Übung sind Sie schließlich in der Lage, selbst in herausfordernden Situationen im Bruchteil einer Sekunde eine solche Perspektive einzunehmen. Aus dieser besseren Überblicksposition können Sie nicht nur gelassener reagieren, sondern Sie erweitern auch – da Sie in einer Situation mit offenem Bewusstsein neue Facetten erkennen – Ihre Handlungsmöglichkeiten.

Die Imagination des Diamanten

Wenden wir uns nun einer dritten Technik zu, um ein klares und ungetrübtes Bewusstsein in schwierigen Situationen zu gewinnen.

Die richtige Einstellung zur Schlagfertigkeit

Bereits im tibetanischen Buddhismus war der Diamant wegen seiner Klarheit ein Symbol für ungetrübtes Bewusstsein. Deshalb wird diese Richtung im Buddhismus auch als Diamanten-Fahrzeug bezeichnet. Die alten Griechen gaben dem Edelstein die Bezeichnung „adamas", was so viel bedeutet wie hart und unbezwingbar. Tatsächlich ist der Diamant, der in der Härteskala eine Härte von 10 hat, der härteste Stein und Edelstein. Deshalb liegt es nahe, sich einen Diamanten als Symbol für klares Bewusstsein und Härte vorzustellen. Versuchen Sie, die Stärke und Härte eines Diamanten auf sich selbst zu übertragen. Sie werden sehen, Sie werden mehr innere Festigkeit entwickeln.

Übung: Imagination des Diamanten

Stellen Sie sich einen Diamanten vor. Sehen Sie ihn in seiner ganzen Klarheit und Pracht. So klar und ungetrübt wie der Diamant ist auch Ihr Bewusstsein. Die Härte und Festigkeit des Diamanten spüren Sie auch in sich. Ihr Bewusstsein ist klar wie der Diamant. Ihre Gefühlswelt ist ruhig wie die Oberfläche eines klaren Bergsees.

Je häufiger Sie das klare „Diamant-Bewusstsein" trainieren, umso leichter können Sie es auch in schwierigen Situationen abrufen. Der Aufbau eines solchen Bewusstseins ist mit ausreichender Übung im Bruchteil einer Sekunde möglich. Aus dieser Bewusstseinsklarheit können Sie erfolgreich Kontra geben.

Alle dargelegten Übungen haben eine Gemeinsamkeit: Sie trainieren Ihre Fähigkeit, in entscheidenden Momenten so starken Einfluss auf Ihr Bewusstsein zu nehmen, dass Sie weder in den Gefühlsstrudel anderer Menschen hineingezogen noch selbst zum Opfer Ihrer eigenen negativen Gefühle werden. So bewahren Sie sich Ihre geistige Klarheit – die Voraussetzung für Schlagfertigkeit.

Natürlich ist Training hierbei unverzichtbar. Bewusstseinsqualitäten muss sich jeder antrainieren. Einsicht allein reicht nicht aus. Schließlich beherrschen Sie das Skifahren allein auch nicht dadurch, dass Sie zuschauen. Und Sie nehmen auch nicht deshalb ab, weil Sie ein Diätbuch lesen.

Schlagfertigkeit und Körpersprache

Schlagfertigkeit besteht nicht allein darin, mit Worten zu kontern. Sie erfordert auch, mit der Körpersprache Stärke zu zeigen. Wenn Sie sich zum Beispiel ducken, die Schultern hochziehen oder Ihre Worte nur sehr verhalten äußern, dann demonstrieren Sie Angst. Sie wagen es eben doch nicht ganz, Kontra zu geben. Und so nehmen Sie Ihren schlagfertigen Worten die Wirkung. Umgekehrt werden Sie bereits dann einen schlagfertigen Eindruck erwecken, wenn Sie mit Ihrer Körpersprache Festigkeit zum Ausdruck bringen.

> **Praxis-Tipp:**
>
> Schlagfertig wirken Ihre Worte erst dann, wenn Sie auch mit Ihrer Körpersprache Festigkeit demonstrieren. Wenn Sie Selbstsicherheit ausstrahlen, dann wirken Sie auch weniger leicht beeinflussbar.

Hier noch einige Hinweise zur richtigen Körperhaltung: Unterlassen Sie fahrige und schnelle Bewegungen. Zu breitbeiniges Stehen wirkt aggressiv. Stehen Ihre Füße so eng beieinander, dass sich die Schuhe berühren, wirkt das nicht selbstbewusst. Schlingen Sie beim Sitzen Ihre Füße auch nicht um die Stuhlbeine. Alles, was Sie damit zum Ausdruck bringen, ist Furcht vor Ihrem Gegenüber. Halten Sie mit dem Gesprächspartner Blickkontakt, wenn Sie sprechen. Wollen Sie mit dem anderen nach Ihrer Antwort nicht mehr reden, dann wenden Sie nach Ihrer Antwort den Blick vom anderen ab.

Sie zeigen körpersprachlich Stärke, wenn Sie zum Beispiel

- überlegen vor sich hinlächeln

- lachend den Kopf schütteln

- den anderen scharf anschauen, ohne ein Wort zu sagen

Wichtig: Auch wenn Sie entscheiden zu schweigen, können Sie mit der Körpersprache Signale senden, die Ihren Willen, zu kontern und sich zu wehren, vermitteln.

Stärken Sie Ihr Selbstbewusstsein

Selbstwertgefühl und Selbstbewusstsein hängen sehr voneinander ab. Wer ein schwaches Selbstwertgefühl hat, geht wenig selbstbewusst an die Dinge heran. Er wagt nichts Neues, da er Angst vor Misserfolgen hat. Und je weniger er tut, umso geringer sind auch seine Aussichten auf Erfolg. Zwangsläufig leidet auch sein Selbstwertgefühl, und das Selbstbewusstsein nimmt ab.

Achtung: Ein geringes Selbstwertgefühl veranlasst Sie, ängstlich und übervorsichtig zu sein.

Test: Wie stark ist Ihr Selbstwertgefühl?		
	Ja	Nein
Trauen Sie sich nicht viel zu?	❏	❏
Fühlen Sie sich oft unsicher?	❏	❏
Bereiten Ihnen Herausforderungen große Angst?	❏	❏

noch: Test: Wie stark ist Ihr Selbstwertgefühl?

Ist Ihnen Harmonie immer wichtig?	❏	❏
Haben Sie häufig Selbstzweifel?	❏	❏
Sind Sie immer angespannt und können nicht loslassen?	❏	❏
Haben Sie oft das Gefühl, auf bestimmte Situationen keinen Einfluss nehmen zu können?	❏	❏
Haben Sie oft Angst, etwas nicht zu schaffen?	❏	❏
Gehen Sie Konflikten immer oder häufig aus dem Weg?	❏	❏

Wenn Sie nur drei Fragen mit einem „Ja" beantworten, dann sollten Sie etwas für Ihr Selbstwertgefühl tun.

Um schlagfertig zu sein, brauchen Sie eine Portion Frechheit. Ohne ein gesundes Selbstwertgefühl und Selbstbewusstsein schaffen Sie es nicht. Sie bleiben gefangen in Ihren Angstgefühlen.

Praxis-Tipp:

Sie werden schlagfertiger, wenn Sie Ihr Selbstwertgefühl und Ihr Selbstbewusstsein stärken.

Warum mangelt es vielen an Selbstvertrauen?

Weshalb haben viele Menschen ein sehr schwaches Selbstwertgefühl und ein geringes Selbstvertrauen?

Die richtige Einstellung zur Schlagfertigkeit

Zwei Gründe spielen dabei hauptsächlich eine Rolle:

- Sie sind das Opfer verinnerlichter negativer Glaubenssätze.
- Sie wissen nicht, wie Sie sich behaupten sollen und wie Sie schlagfertig reagieren können.

Negative Glaubenssätze

Da ja die Schlagfertigkeit der Inhalt dieses Buches ist, wollen wir uns an dieser Stelle nur kurz mit den negativen Glaubenssätzen beschäftigen.

Die meisten Menschen haben während ihres Lebens viele negative Beeinflussungen erlebt. Solche sind zum Beispiel:

- Das kannst du nicht.
- Das schaffst du nicht.
- Tu, was dir gesagt wird.
- Andere sind besser als du.
- Nur wenn du brav bist, sind wir lieb zu dir.

Diese Beeinflussungen sind ins Unterbewusstsein gelangt und steuern das Denken und Handeln des Menschen. Solche negativen Glaubenssätze können aber auch wieder verlernt und positive aufgebaut werden.

Positive Glaubenssätze

- Ich will und ich kann.
- Ich schaffe es.
- Mit Schlagfertigkeit verschaffe ich mir Respekt.
- Setze ich mich durch, werden meine Beziehungen zu Menschen besser.
- Ich wehre mich und so fühle ich mich wohl.
- Mir gelingt es immer besser, schlagfertig zu werden.

Sagen Sie sich einen oder mehrere dieser positiven Glaubenssätze mehrmals am Tag. So stärken Sie langsam Ihr Selbstwertgefühl.

Erfolgs-Tipp:

Mit positiven Glaubenssätzen (Bejahungen) stärken Sie Ihr Selbstwertgefühl.

Wichtig: Nehmen Sie Herausforderungen des Lebens an. Seien Sie bereit, Risiken einzugehen. Denn bedenken Sie: Nur durch das Tun lernen Sie. Es gibt keine Niederlagen, es gibt nur Lerneffekte.

Kennzeichen aller Gewinnerinnen und Gewinner ist: Sie geben nicht auf. Mein Buch „Selbstbewusst" vermittelt Ihnen Gewinnertechniken, die von vielen Menschen angewandt werden, um die eigenen Ziele zu erreichen.

Heftigkeitsgrade der Schlagfertigkeit

Es gibt witzige, harte und weiche Schlagfertigkeitstechniken. Die weichen Schlagfertigkeitstechniken wirken diplomatischer. Eine einheitliche Meinung, welche der aufgeführten Techniken zu den weichen und welche zu den harten zu rechnen sind, herrscht nicht vor.

Im Buch wird zwar zwischen harten (Kapitel 3) und weichen Techniken (Kapitel 4) unterschieden. Sie können die Bewertung übernehmen oder für sich selbst herausfinden, welche der Methoden Sie zu den eher diplomatischen oder mehr zu den aggressiven Abwehrtechniken rechnen wollen.

Beachten Sie jedoch immer: Ob Sie eine harte oder weiche Schlagfertigkeitstechnik anwenden, hängt von der Situation und der Art des Angriffs ab.

Die richtige Einstellung zur Schlagfertigkeit

Stehen Sie zu einer Person in einem Abhängigkeitsverhältnis, so sind eher die sanften Antworten anzuwenden. Wenn Sie jemand beleidigt, bloßstellt oder sogar fertig machen will, dann empfiehlt sich eine harte Technik. Wenn Ihnen der Angreifer unterlegen ist, sind oft witzige oder weiche Antworten angebrachter, als hart zu kontern. Findet ein Angriff vor einem Publikum statt, dann ist eine Reaktion gefordert. Selbst wenn das Publikum gegen Sie eingestellt ist, werden Sie mit einer schlagfertigen Antwort Respekt gewinnen.

Checkliste: Die richtige Einstellung

- Um schlagfertig zu werden, gilt es, eine Portion Frechheit zu zeigen.

- Schlagfertige Menschen zeigen gelegentlich auch einmal Ecken und Kanten im Verhalten. Sie sind nicht nur auf Nettigkeit fixiert.

- Entwickeln Sie sich vom defensiven zum offensiven Menschen.

- Mit einer tiefen Ein- und Ausatmung befreien Sie sich aus der Blockade des Angriffs.

- Mit der Methode des geistigen Schutzschildes oder der Imagination des Diamanten verringern Sie Ihre Verletzlichkeit.

- Mit der Methode der Hubschrauberperspektive und der Imagination des Diamanten schaffen Sie sich mehr Überblick in kritischen Situationen.

- Zeigen Sie mit Ihrer Körpersprache Selbstbewusstsein.

- Stärken Sie Ihr Selbstwertgefühl mit Bejahungen, so schaffen Sie eine gute Voraussetzung für Schlagfertigkeit.

- Wenden Sie je nach Situation weiche oder harte Techniken an.

Mit Witz und Scharfsinn kontern

2

Schlagfertigkeit und Witz

In diesem Kapitel beschäftigen wir uns mit der witzigen Schlagfertigkeit. Diese Art der Schlagfertigkeit lebt aus der Situation. Sie beeindruckt besonders stark, erfordert aber den größten Aufwand an Flexibilität und Mut. Witzige Schlagfertigkeit entwickeln Sie dann, wenn Sie das Leben und seine Situation mehr als Spiel ansehen. Wenn Sie ernsthaft sind, also auf nur eine Sichtweise von Situationen fixiert sind, tun Sie sich schwer, humorvoll zu sein.

Niemand zwingt Sie, alles todernst zu nehmen. Sehen Sie das Leben mehr als Spiel an, haben Sie mehr innere Freiheit und mehr Spaß.

Um Schlagfertigkeit und Witz besser zu verstehen, wollen wir uns daher im nächsten Abschnitt zunächst mit der Grundstruktur des Witzes näher beschäftigen.

Von den Witzmustern lassen sich dann Schlagfertigkeitstechniken ableiten, die Sie lernen und selbstverständlich anwenden sollen.

Natürlich werden Sie nicht alle Witzmuster und die davon abgeleiteten Schlagfertigkeitstechniken gleich witzig finden. Wählen Sie die aus, die Ihnen am meisten zusagen.

> **Praxis-Tipp:**
>
> Witz ist trainierbar. Es gibt einfache Regeln und Muster, die Sie auch auf andere Situationen übertragen können.

Ein gutes Training: Witze lesen

Humorvolle Menschen lesen viele Witzbücher. Je mehr Witze Sie kennen, umso leichter fällt es Ihnen, in den unterschiedlichsten Situationen witzige Bemerkungen zu machen. Denn Ihr Bewusstsein ist trainiert, unterschiedliche Aspekte von Situationen zu erkennen und geschickt ins Spiel zu bringen.

Strukturen des Witzes: Grundlage für Schlagfertigkeitstechniken

Ein Witz, was ist das eigentlich? Vielleicht meinen Sie: eine scherzhafte Äußerung, die zum Lachen reizt. Das bedingt aber eine weitere Frage: Was ist unter scherzhaft zu verstehen? Was an der Äußerung ruft Heiterkeit, vielleicht sogar ein Lachen hervor? Versuchen wir, die Fragen mittels eines Witzes zu beantworten:

Ein junger Mann geht in einem Tanzlokal auf eine schöne ältere Dame zu und fordert sie zum Tanz auf. Die Dame begegnet seiner Aufforderung mit einem kalten Blick und sagt: „Ich tanze nicht mit einem Kind." „Oh, Verzeihung", kontert der junge Mann, „ich wusste nicht, dass Sie in anderen Umständen sind."

Der Text des Witzes ist so aufgebaut, dass der Hörer oder Leser durch den Anfang auf einen Sachverhalt aufmerksam gemacht wird und sich die Erwartung auf einen bestimmten Fortgang des Geschehens richtet. Die Dame weist die Aufforderung des jungen Mannes unter Hinweis auf den großen Altersunterschied zurück. Sie tut das mit einer Schärfe, die sogar beleidigend ist. Der Hörer bzw. Leser erwartet nun entweder ein schüchternes Zurückweichen des jungen Mannes – die Formulierung „Oh, Verzeihung", scheint das auch anzudeuten –, oder es wird eine empörte Zurückweisung der Behauptung erwartet, dass er noch ein Kind sei. Das Wort „kontern" würde in diese Richtung deuten.

Der Schlusssatz erfüllt nun allerdings beide Erwartungshaltungen nicht. Er stellt einen Bruch im bisherigen Text dar. Der Leser bzw. Hörer hat Schwierigkeiten zu verstehen, welcher Zusammenhang zwischen dem letzten Satz und dem vorangegangenen Satz besteht. An dieser Stelle entscheidet sich, ob der Leser bzw. Hörer die Pointe erfasst. Er muss verstehen, dass der Satz „Ich tanze nicht mit einem Kind" mehrdeutig ist. Der Satz ist von der Perspektive des jungen Mannes anders zu verstehen als von der Perspektive der Dame. Wenn der Leser bzw. Hörer die andere Bedeutung des Satzes erkennt, ist der Witz verstanden.

Mit seinem Lachen schenkt der Hörer oder Leser dem jungen Mann Anerkennung für seine Schlagfertigkeit. Gelacht wird auch auf Kosten der unhöflichen Dame, der man die Peinlichkeit der Situation gönnt.

Der junge Mann jongliert bewusst mit der Doppeldeutigkeit des Satzes. Es ist nicht davon auszugehen, dass er die Dame missverstanden hat. Denn die Dame ist schon älter und wird wohl kaum noch Kinder gebären. Doch sollte er auf seine „Unhöflichkeit" angesprochen werden, kann er sich immer noch mit einem Missverständnis herausreden. Für den Leser bzw. Hörer wird allein schon durch das Wort „kontern" unmissverständlich klar, dass es sich nicht um ein wirkliches, sondern um ein vorgetäuschtes Missverständnis handelt.

Die Verständnisphasen

Die Witzstruktur beinhaltet psychologisch drei Phasen der Textaufnahme. In der ersten Phase wird eine Erwartungshaltung aufgebaut. Die Darstellung der Situation lässt eine bestimmte Reaktion erwarten. In der zweiten Phase, die nicht als Textteil zu registrieren ist, gibt es einen Bruch in der Erwartungshaltung. Die erwartete Reaktion tritt nicht ein. Stattdessen wird durch einen überraschenden Perspektivwechsel die Situation gekippt. Die Antwort des Mannes verblüfft. In der dritten Phase dann erfolgt die Pointe und die Erleuchtung und Befriedigung, den Witz verstanden zu haben.

Man braucht also nicht nur Esprit, um einen Witz zu machen. Geist und Verstand sind auch erforderlich, um ihn zu verstehen. Der Witz baut eine Erwartungshaltung auf, die – zur Verblüffung des Zuhörers – gebrochen wird. Wird die Pointe verstanden, ist man zufrieden.

Geistreich statt plump

Winston Churchill war allgemein bekannt für seine schlagfertigen Antworten. Bei einer Gesellschaft wurde er einmal von einer Dame provoziert: „Wenn ich Ihre Frau wäre, würde ich Ihnen Gift geben." Darauf antwortet er: „Wenn ich Ihr Mann wäre, würde ich es nehmen."

Das ist ein Beispiel für eine geistreiche Antwort. Sie wirkt deshalb so, weil sich die eigentliche Botschaft erst durch Weiterdenken erschließt und der Gedanke der provozierenden Aussage aufgegriffen und geschickt weitergesponnen wird.

Eine plumpe Antwort von Churchill wäre gewesen: „Bei solch einer Frau wie Ihnen bringt man sich am vernünftigsten selbst um."

Sie merken, hier fehlt der Witz. Die Antwort wäre nur eine einfache Retourkutsche.

Grundmuster des Humors

Im normalen Alltagsleben steht der Mensch unter dem ständigen Druck von Normen, sittlichen Konventionen, der Logik des Verstandes und der Welterfahrung. Die Komik des Witzes bedeutet immer einen Verstoß und eine Befreiung vom Druck der Normen und Regeln. Das sonst Gültige wird aufgehoben und außer Kraft gesetzt. Hier eine kurze Übersicht über vier Grundmuster des Humors, von denen wir witzige Schlagfertigkeitstechniken ableiten wollen.

Ebenenwechsel

Bei diesem Witzmuster werden zwei Bereiche zusammengebracht, die miteinander nichts zu tun haben.

Die Wärter einer Gefängnisanstalt spielen mit einem Gefangenen Karten. Als sie ihn beim Betrug erwischen, werfen sie ihn aus dem Gefängnis.

Die sonst durchaus sinnige Verhaltensweise, jemand aus dem Hause zu werfen, wenn er betrügt, wird in dieser Situation zur grotesken Farce.

Den Kontrast, der sich aus der Vermischung der Denkebenen ergibt, machen sich auch die Radio-Eriwan-Witze zunutze.

Frage an Radio Eriwan: „Wie ist es zu erklären, dass Kanada so viel Weizen an Russland liefern kann?" Antwort von Radio Eriwan: „Wie alle Länder des Westens leidet auch Kanada an einer für den Kapitalismus typischen Krankheit der Überproduktion."

Die witzig, schlagfertige Antwort ergibt sich aus den unterschiedlichen Denkansätzen, die zum gleichen Thema führen, in ihrem Schnittpunkt aber eine neue, unerwartete Perspektive offenbaren.

Das absichtliche Missverstehen

Hier resultiert die Pointe aus der Spannung zwischen dem Gemeinten und dem Verstandenen. Ursache für das Missverständnis ist oft ein mehrdeutiger Ausdruck, den der eine Partner in der einen, der andere Gesprächspartner in der anderen Bedeutung verwendet.

Ein Mann liegt in der Badewanne im kalten Wasser und nimmt seine Medizin. Seine Frau telefoniert aufgeregt mit seinem Arzt und fragt: „Herr Doktor, ist es denn wirklich notwendig, dass mein Mann die Medizin im kalten Wasser zu sich nimmt?"

Das Spiel mit Worten und ihren Bedeutungen ist fast immer erforderlich, wenn witzige Schlagfertigkeit zum Zuge kommen soll. Gespielt wird nicht nur mit der Vieldeutigkeit von Wörtern, sondern auch mit ihrer Klangähnlichkeit. Oft werden dabei die Worte aus dem ursprünglichen Zusammenhang genommen und in einen veränderten Bezugsrahmen gestellt. Durch den ungewohnten Kontrast erzeugen sie eine komische Wirkung.

Beispiel:

Ein Mann betritt eine Konditorei. Er sagt: „Ich möchte Rumkugeln." „Bitte", antwortete die Verkäuferin und fährt fort, „wenn es Ihnen Spaß macht. In fünf Minuten ist der frisch gewischte Fußboden trocken."

„Wie fanden Sie das Wetter heute morgen?"
„Ich machte die Tür auf – und da war es!"

Ein junger Mann will nach einer längeren Reise seine frühere Freundin aufsuchen. Er klingelt. Die Zimmervermieterin öffnet die Tür und antwortet auf seine Frage, ob er Fräulein Müller sprechen könne:
„Die ist längst ausgezogen!"
„Ach", sagt er, „das macht nichts, vor mir geniert sie sich nicht!"

Gewitzte Wortspiele lassen sich mit ganzen Fragen betreiben. Im folgenden Beispiel wird die Frage des Vorredners aufgenommen und durch eine Gegenfrage verzerrt.

Beispiel:

Im Unterricht beim Militär: „Stabsgefreiter Meyer, warum soll der Soldat sein Leben freudig fürs Vaterland opfern?" Meyer erwidert: „Recht haben Sie, Herr Unteroffizier. Warum soll er?"

Mit Witz und Scharfsinn kontern

Der Antwortende übernimmt die Technik des Fragenden und liefert statt der inhaltlichen Erläuterung eine Antwort, die den Sinn der Frage durch eine simple Gegenfrage in eine völlig neue Bedeutung verkehrt. Der Fragende wird gezwungen, über den Sinn oder Unsinn seiner Aussage nachzudenken.

Verzerrungen und Übertreibungen

Wer in einen Zerrspiegel schaut, kann leichter seine Sehgewohnheiten verändern. Im Spiegelkabinett auf dem Jahrmarkt kann das jeder selbst ausprobieren. Je nach Brechung der Spiegelfläche wird ein bestimmtes Merkmal oder eine Form so übertrieben verzerrt, dass die Spiegelung grotesk wird. Man kann sich ein völlig neues Bild von der eigenen Erscheinung machen und so ungewöhnliche Perspektiven gewinnen.

Vertauschte Reihenfolge

Übertriebene Verzerrungen kann man auch auf die Sprachebene übertragen. Auch hier ist der Effekt verblüffend und komisch.

Beispiel:

Nach dem Haarschnitt hält der Friseur dem Kunden den Spiegel vor: „Ist es so recht, mein Herr?" Der Kunde schaut sich den Haarschnitt an und sagt dann: „Etwas länger, bitte."

Die Verzerrung gelingt hier durch die Vertauschung von Anfang und Ende einer Handlung. Die tatsächliche Situation wird auf der Sprachebene komplett umgedreht. Das Ergebnis: eine witzig-ironische Anspielung auf die wenig glanzvolle Leistung des Friseurs.

Bezugsrahmen verändern

Eine humorvolle Verzerrung gelingt auch durch den Wechsel des Bezugsrahmens.

Beispiel:

Der Auktionator ruft laut: „Ein Herr im Saal hat seine Brieftasche mit 30 000 Euro verloren. Er bietet dem ehrlichen Finder 500 Euro." Im Saal entwickelt sich Unruhe. Aus dem Saal ruft eine Stimme: „Ich biete 1 000 Euro."

Aufhebung der Logik

Ein besonders drastischer Effekt ergibt sich, wenn die Gesetze der Logik aufgehoben und Normen auf den Kopf gestellt werden. Eine Pointe wird dadurch besonders herausgestellt.

Beispiel:

Stabsarzt: „Lesen Sie einmal, was auf der Tafel dort steht."
Müller: „Auf welcher Tafel? Ich sehe keine."
Stabsarzt: „Ausgezeichnet, es ist auch keine da."

Andeutungen und Anspielungen

Diese Art des Witzes besteht darin, mit einer Aussage auf eine zweite, dahinter liegende Inhaltsebene abzuzielen. Das Doppelverständnis der Aussage ist bewusst gewählt. Der Empfänger der Botschaft soll neben der leicht zu erfassenden Botschaft auch die verborgene erschließen. So hat man die Möglichkeit, Sachverhalte anzudeuten, die man nicht offen aussprechen möchte. Doch mit dieser Technik des feinen Hintersinns trifft man den Empfänger der Botschaft meist besonders hart. Solche Botschaften wirken so stark, weil der Empfänger noch lange über das Gesagte nachgrübelt.

Beispiel:

Die Gnädigste fragt die Hausperle: „Oh, habe ich heute nicht sehr schlecht gesungen?"
„Aber nein, Gnädigste haben noch nie besser gesungen."

Der Direktor tobt: „Ich werde dem Chauffeur kündigen. Er hat mich schon zum zweiten Mal in Lebensgefahr gebracht."
„Aber Max", beruhigt ihn seine Frau, „gib ihm noch eine Chance."

Eine effektvolle Verblüffungstechnik ist es auch, Aussagen von Gesprächspartnern zu übernehmen und durch Assoziationen so zu verändern, dass sich eine ganz andere Bedeutung ergibt.

Beispiel:

Der Großgrundbesitzer von Jagow hört, dass im Nachbardorf ein Knecht lebt, der ihm erstaunlich ähnlich sieht. Jagow lässt den Knecht kommen und stellt tatsächlich eine große Ähnlichkeit fest.
„Sagen Sie mal", fragt er herablassend, „war Ihre Mutter auf unserem Gut als Magd beschäftigt?"
„Nein, Herr Baron, aber mein Vater als Kutscher."

Der Perspektivwechsel

Des folgende Beispiel präsentiert ein weiteres wirkungsvolles Grundmuster des Witzes:

Beispiel:

Ein kleiner Junge kommt zu seiner Mutter und fragt: „Mutti, wo komme ich her?" Die Mutter erschrickt und lässt vor ihrem geistigen Auge alles vorbeiziehen, was sie über Sexualaufklärung gehört hat. Schließlich zeigt sie ihm alles in einem Bilderatlas. Am Schluss fragt sie: „Warum willst du das eigentlich wissen?" „Weil zu uns in die Klasse ein Neuer aus Hamburg gekommen ist."

Die Einleitung lenkt das Interesse in eine bestimmte Richtung. Der Gesprächspartner folgt dieser Richtung, bis er von seinem Gegenüber durch einen abrupten Perspektivwechsel zum Stehen gebracht wird. Im Beispiel wird der Gedankenstrang „Sexualaufklärung" geknickt und in eine Frage nach der geographischen Herkunft verkehrt.

Techniken der Schlagfertigkeit

Witzige Schlagfertigkeit zeichnet sich dadurch aus, dass Äußerungen des Gesprächspartners in einen anderen Zusammenhang gebracht werden. Sie bringen dabei Dinge oder Situationen zusammen, die eigentlich nichts miteinander zu tun haben.

Beispiel:

Werner ist ausgerutscht und hingefallen. Seine Tante tritt auf ihn zu und fragt: „Du hast dir doch nicht am Ende weh getan?" Werner erwidert: „Nein, da nicht, am Kopf."

Die Methode der absurden Reaktion

Mit der absurden Reaktion verstehen Sie zwar, was der andere meint, Sie übertragen es aber auf eine ganz andere Situation. Mit der Technik der absurden Reaktion können Sie den Gesprächspartner überraschen und verwirren.

Beispiel:

„Was tust du, wenn du den Arbeitsplatz verlierst?"
„Ich baue Nudeln an."

„Du bist ja noch grün hinter den Ohren."
„Ich arbeite auch in einer Gärtnerei."

Wenn jemand Ihnen gegenüber eine dumme Bemerkung macht oder Sie angreift, hat er dabei immer ein bestimmtes Ziel vor Augen. Er will Sie einschüchtern, aus dem Gleichgewicht bringen oder vielleicht lächerlich machen.

Wie verhalten Sie sich in dieser Situation? Vielleicht sind Sie sprachlos und ziehen sich zurück. Oder Sie reagieren aggressiv. Beides sind vorhersehbare Reaktionen, bei denen der Angreifer den Taktstock führt. Daher sollten Sie einmal versuchen, auf eine Art zu reagieren, die der Angreifer nicht erwartet. Sie werden sehen – auch Sie können Ihr Gegenüber überraschen.

Praxis-Tipp:

Entscheiden Sie sich, nicht auf vorhersehbare und übliche Art zu reagieren, sondern verwirren Sie den Angreifer mit einer absurden, unerwarteten Reaktion.

Warum ist das so? Menschen sind darauf programmiert, hinter allen Worten nach Sinn zu suchen. Das Gehirn des Angreifers beginnt zu arbeiten, und es will dahinter kommen, wie Sie Ihre

Worte wohl gemeint haben. Doch das bereitet ihm Probleme, weil es keine logische Gesetzmäßigkeit entdecken kann. Obwohl die Strategie der absurden Reaktion sehr einfach zu sein scheint, bereitet sie doch vielen Menschen Schwierigkeiten. Sie meinen, sie müssten stets mit Vernunft und Logik antworten.

Stellen Sie an sich selbst nicht die Forderung, auf eine Provokation immer etwas Geistreiches sagen zu müssen. Zugegeben, es wird Ihnen anfangs schwer fallen, absurd zu reagieren. Wir sind nicht gewohnt, Unterschiedliches miteinander zu verbinden. Doch dies ist das schlagfertigste Muster, um witzig zu reagieren.

Einmal pro Tag ver-rückt werden

Erinnern Sie sich an Ihre Kinderzeit? Da hatten Sie doch Spaß daran, herumzublödeln und Nonsens zu reden. Später haben Sie die Fähigkeit immer mehr verkümmern lassen, und es gab für Sie nur noch die enge, durch Logik begrenzte Welt der Erwachsenen. Alan Watts schreibt in seinem Buch „Meditation": „Aber sehen Sie, es ist ungeheuer wichtig, mindestens einmal pro Tag ver-rückt zu werden. Wenn man ver-rückt ist, dann kommt man zu seinen Sinnen. Wenn Sie hingegen dauernd in Ihrem Denken verharren, sind Sie viel zu rational und gleichen einer starren Brücke, die beim ersten Sturm weggefegt wird, weil ihr die Geschmeidigkeit fehlt und sie nicht ver-rückt werden kann."

> **Praxis-Tipp:**
>
> Sie bewahren sich Ihre Phantasie, wenn Sie mit den unterschiedlichen Welten spielen. So steigern Sie auch Ihre Fähigkeit zur Schlagfertigkeit.

Wenn Sie mit den unterschiedlichen Ebenen geschickt spielen, gewinnen Sie nicht nur mehr Freiheit, dann beherrschen Sie auch die Kunst des „Sich-Amüsierens".

Mit Witz und Scharfsinn kontern

G.K.Chesterton hat einmal gesagt: „Die Engel fliegen, weil sie sich leicht nehmen." Bewahren Sie sich die Leichtigkeit, indem Sie mit den unterschiedlichen Welten jonglieren.

Auf unangenehme Fragen reagieren

Die Technik der Schlagfertigkeit durch eine absurde Reaktion eignet sich auch dann sehr gut, wenn man Ihnen unangenehme und persönliche Fragen stellt. Wenn Sie in einem solchen Falle sagen: „Darauf möchte ich keine Antwort geben", dann zeugt das nicht gerade von besonderer Schlagfertigkeit. Reagieren Sie also schlagfertig und absurd, indem Sie alle erdenklichen Ebenen und Perspektiven heranziehen. Dazu einige Beispiele:

Beispiel:

„Was verdienen Sie?"
- „Mal hören, was mein Vormund dazu sagt."
- „Solche Fragen beantwortet mein Schutzengel."
- „In den Himmel zu kommen."
- „Einen Kuss."

„Was war das traurigste Ereignis in Ihrem Leben?"
- „Als mich mein Psychiater für gesund erklärte."
- „Als ich hörte, dass in vier Milliarden Jahren die Sonne nicht mehr leuchtet."
- „Als mein Hund die Sprache verlor."

„Wo liegen Ihre Fehler?"
- „Auf dem Friedhof."
- „Hinter Efeu verborgen."

Die Technik der absurden Weiterführung

Diese Methode ist eine Variante der absurden Reaktion und eignet sich sehr, sich Respekt zu verschaffen. Hierzu eine Geschichte, wie sie mir ein Vorstandsmitglied einer Aktiengesellschaft erzählte: „Bei einer der letzten Sitzungen griff ein junger Direktor meinen Vorschlag zur Reorganisation der Zuständigkeitsbereiche mit einem herausfordernden „Warum" an. Ich verkniff es mir, diesen Mann darauf hinzuweisen, dass er schon wiederholt einen Mangel in seiner Urteilskraft gezeigt hatte. Stattdessen sagte ich: „Die Frage habe ich mir auch schon gestellt, und sie führt mich zu einer weiteren: Wie viele unserer leitenden Angestellten sind sich bewusst, dass sie eine Aufgabe als Arbeitgeber und Arbeitnehmer zu erfüllen haben? Es wäre doch notwendig, einmal unseren Mitarbeiterstab daraufhin zu untersuchen, wer diese Aufgabe nur unbefriedigend erfüllt."

Der Mitarbeiter wird auf Sinnsuche geschickt. Statt einer konkreten Antwort auf seine unangebrachte Frage erhält er den versteckten Auftrag, Selbstkritik zu üben und seine eigene Position zu überdenken. Der Vorgesetzte versucht, durch eine verwirrende Antwort, die viel weiter führt, als es der Mitarbeiter erwartet hat, eine andere Botschaft zu transportieren, nämlich die, über das eigene Verhalten nachzudenken, bevor man berechtigt Kritik üben kann.

Achtung: Je schwerer es gelingt, in den Ausführungen einen Sinn zu erkennen, desto größer ist der Erfolg der Verblüffungstaktik.

Mit der Sprichwort-Taktik Verwirrung schaffen

Die Sprichwort-Taktik ist eine ganz besondere Variante der Schlagfertigkeit durch absurde Reaktion.

Mit Witz und Scharfsinn kontern

Sprichwörter enthalten meistens kernige Grundaussagen in Form von Lebensregeln, Lebenserfahrungen oder auch witzig-humorvolle Anmerkungen über den Umgang der Menschen miteinander. Wegen der kurzen Sätze eignen sie sich besonders für schlagfertige Aussagen.

Praxis-Tipp:

Auch bei dieser Taktik gilt die Regel: Antworten Sie bei einer Provokation mit einem Sprichwort, das nicht dazu passt.

Sie müssen vorher nicht überlegen, welches Sprichwort am geeignetsten ist. Je weniger es passt, desto besser und desto mehr muss der Angreifer überlegen.

Beispiel:

Die Provokation: „Du bist aber eingebildet."

Die Antwort: „Mit einer Hand kann man nicht klatschen."

Oder: „Der Eilige und der Fußkranke treffen sich an der Fähre."

Wenn Ihr Gegenüber fragt, was Sie mit dem Sprichwort sagen wollen, dann ergänzen Sie einfach: „Sie kommen noch dahinter, wenn Sie darüber nachdenken. Jeder braucht dazu einige Zeit."

Gelegentlich werden Sie am nächsten Tag oder später mit der hausgefundenen Deutung konfrontiert: „Wollten Sie mir damit sagen, dass …?" Sie brauchen dann nur zu antworten: „Das wollte ich damit nicht sagen. Denken Sie weiter darüber nach."

Dies ist eine wirkungvolle Technik, die selbst die unverschämtesten Angreifer in Erstaunen versetzt. In der folgenden Liste finden Sie einige Sprichwörter, die Sie nach Belieben anwenden können. Mir persönlich gefallen afrikanische Sprichwörter wegen ihrer bildhaften Sprache besonders gut.

Sprichwörter als Verwirrungstaktik

„Viele Köche verderben den Brei."

„Wasser hat keine Balken."

„Die Mütze weint dem Kopf nicht nach."

„Der Hastige schlürft mit der Gabel Tee."

„Wer Eier haben will, muss mit Gegacker leben."

„Zwei Füße passen nicht in einen Schuh."

Afrikanische Sprichwörter

„Bei Regen geht sogar das Krokodil ins Wasser."

„Wer einmal von einer Schlage gebissen wurde, hat Angst vor jedem Stückchen Schnur."

„Man kann die Trommel nicht mit einem Finger schlagen, es braucht die ganze Hand."

„Der Mensch ist keine Kokosnuss – er ist nicht rundum abgekapselt."

„Was reif ist, ist schon halb verfault."

„Wenn man den Weg verliert, lernt man ihn kennen."

„Ein Einäugiger dankt Gott, wenn er einem Blinden begegnet."

„Wer zu stark zieht, zerreißt den Strick."

„Man kann sich nicht selbst den Rücken lecken."

„Die Wurzeln erzählen den Ästen nicht, was sie denken."

„Was dich beißt, steckt meistens in deinen Kleidern."

„Man kann nicht mit beiden Augen gleichzeitig in eine Flasche gucken."

„Die Kuh, die viel herumspringt, kommt wenig zum Fressen."

Mit Witz und Scharfsinn kontern

Wenn der Provokateur nachfragt, wie Sie das Sprichwort meinen, dann antworten Sie mit einem neuen Sprichwort. Fragt man Sie danach, warum Sie mit einem Sprichwort antworten, dann antworten Sie mit einem Sprichwort über Sprichwörter.

Sprichwörter über Sprichwörter

„Ein gutes Sprichwort ist wie ein Kamel in der Wüste. Ohne es käme man selten ans Ziel."

„Das Sprichwort ist wie ein Blatt, das man braucht, um ein Wort zu essen."

„Sprichwörter sind die Pferde der guten Unterhaltung, wenn die Diskussion schal wird, belebt das Sprichwort sie wieder."

„Sprichwörter sind die Töchter der Erfahrung, sie gleichen den Oasen in der Wüste."

Praxis-Tipp:

Mit Sprichwörtern überrumpeln Sie Ihren Gesprächspartner. Da er nun etwas erwidern muss, bringen Sie ihn selbst in Verlegenheit.

Die Vorteile der Sprichwort-Technik liegen klar auf der Hand. Sie können souverän reagieren, ohne den Provokateur zu kränken. Außerdem müssen Sie nicht groß überlegen, welches Sprichwort am besten passen würde. Sie können auf jedes beliebige Sprichwort zurückgreifen, das Ihnen gerade einfällt.

Es spielt auch keine Rolle, wenn Sie die Sprichwörter durcheinanderbringen oder die erste Hälfte des einen Sprichwortes mit der zweiten Hälfte eines anderen kombinieren. Im Gegenteil: Manchmal erreichen Sie damit sogar eine besonders durchschlagende Wirkung.

Eine amüsante Geschichte als Beweis: Eine Seminarteilnehmerin hatte sich in ihrer Sprichwörtersammlung die afrikanischen Sprichwörter aufgeschrieben: „Leg das Ruder erst aus der Hand, wenn das Boot an Land ist" und „Leih dir nicht des Nachbarn Kamm aus. Er könnte Läuse haben."

Bei einer passenden Gelegenheit wollte sie eines der Sprichwörter benutzen, brachte aber beide durcheinander und sagte zum verdutzten Gegenüber: „Leg das Ruder erst aus der Hand, wenn es keine Läuse hat." Obwohl der Provokateur schon damit rechnete, überrascht zu werden, war er darüber dennoch sehr verdutzt. Er wusste keine Antwort darauf.

Diese Technik lässt sich gut bei dummen Sprüchen, Provokationen und peinlichen Unterstellungen anwenden. Da diese Methode nicht verletzend wirkt, ist sie zu den sanften Techniken der Schlagfertigkeit zu rechnen. Sie eignet sich jedoch nicht, um eine sachliche Auseinandersetzung zu umgehen. Oft wird eine sachliche Diskussion erst möglich, wenn Sie den Angreifer solchermaßen geschickt abgewehrt haben.

Nicht verstehen wollen

Das absichtliche Missverstehen ist eine der besten Techniken witziger Schlagfertigkeit. Sie ist deshalb möglich, weil viele Worte eine mehrfache Bedeutung haben. Beim absichtlichen Missverstehen greifen Sie ein Wort aus den Äußerungen Ihres Gegenübers auf, das in einem anderen Zusammenhang eine neue Bedeutung bekommt. Ihre Antwort baut auf dem neuen Bedeutungszusammenhang des Wortes auf.

Mit Witz und Scharfsinn kontern

Übung: Absichtliches Missverstehen

Lesen Sie die Aussagen und versuchen Sie, eine schlagfertige Replik zu geben, indem Sie einen neuen Bedeutungszusammenhang konstruieren.

Mögliche Lösungen finden Sie auf der folgenden Seite.

1. „Wir hoffen, in der Angelegenheit mit einem blauen Auge davonzukommen."

   ....

2. „Mögen Sie einen trockenen Wein?"

   ....

3. „Rede ich zu schnell? Kommen Sie noch mit?"

   ....

4. Nach der Untersuchung sagt der Arzt: „Gnädige Frau, Sie gefallen mir gar nicht …!"

   ....

5. „Gestatten Sie, mein Name ist Rainer Hohn."

   ....

6. „Nun, wie fanden Sie das Fleisch?"

   ....

7. „Was verdienen Sie?"

   ....

8. „Wie gehen die Geschäfte?"

   ....

Lösungsvorschläge:

1. „Wieso, meinen Sie, es gibt eine Schlägerei?"

2. „Flüssig wäre mir lieber."

3. „Wohin wollen Sie gehen?"

4. „Herr Doktor, der Schönste sind Sie auch nicht."

5. „Nehmen Sie es nicht so tragisch. Und wie heißen Sie?"

6. „Oh, rein zufällig. Es lag unter der Kartoffel."

7. „Ein nettes Kompliment."

8. „Danke, sie gehen auf den Namen meiner Frau."

Karl Dall zum Beispiel bedient sich im Fernsehen sehr oft dieser Technik. Er achtet genau darauf, ob er bei einem Gespräch nicht etwas anders als gemeint auffassen und dann geschickt ins Gespräch einbauen kann.

Die Variante „Worte koppeln"

Es gibt noch eine Spielart dieser Technik: Sie fassen mehrere Worte zusammen und bilden damit einen neuen Satz.

Beispiel:

„Meine Schwiegermutter will kommen."
„Sie ist doch gar nicht willkommen."

„Ich fürchte, Sie sitzen auf meinem Platz."
„Sie haben gar nichts zu befürchten, wenn Sie mich nicht vertreiben wollen."

„Für die Richtigkeit der Darlegungen gebe ich keine Gewähr."
„Dann geben Sie eben eine Granate."

„Wollen wir beide zusammen nach Berlin fahren?"
„Wenn ich Sie sehe, fahre ich immer zusammen."

Mit Witz und Scharfsinn kontern

> „Das lass ich mir von Ihnen nicht bieten."
> „Machen Sie mir eine Gegenofferte."
>
> „Ich komme aus Sachsen-Anhalt."
> „Sind Sie denn auch als Anhalter gefahren, Sie sehen so mitgenommen aus?"

Der Schriftsteller Arthur Schnitzler bittet seinen Kollegen Hugo von Hoffmannsthal, ihm zwei Sitze (Platzkarten) für die Salzburger Festspiele zu besorgen. Später vergisst er es. Hoffmannsthal telegraphiert aus Salzburg: „Sitze besorgt im Hotel Elisabeth. Hoffmannsthal." Schnitzler telegraphiert zurück: „Warum sitzest besorgt Hotel Elisabeth? Schnitzler."

Verhören Sie sich!

Bei dieser Methode verhören Sie sich absichtlich. Sie verhalten sich so, als hätten Sie etwas ganz anderes verstanden. Damit der Angreifer auch begreift, dass Sie etwas missverstanden haben, wiederholen Sie den Text so, wie Sie vorgeben, ihn verstanden zu haben. Die Worte, die Sie gehört haben wollen, klingen zwar ähnlich, haben aber eine ganz andere Bedeutung.

Die Technik wirkt besonders dann, wenn Sie sich beim Verhören auf ein zentrales oder das letzte Wort des Angriffs konzentrieren. Suchen Sie also nach einem ähnlich klingenden Wort, das aber eine ganz andere Bedeutung hat.

Beispiel:

Vorwurf: „Sie reden um die Sache herum."

Antwort: „Rum, nein. Ich trinke keinen Alkohol."

Antwort: „Wache? Wieso sollte ich auf der Polizeiwache sein? Dafür gibt es keinen Grund."

Vorwurf:	„Sie haben ja keine Ahnung, von was Sie reden."
Antwort:	„Schweden, es ist wirklich ein schönes Land und es empfiehlt sich, dort hinzufahren."
Antwort:	„Wartung, vorbeugende Wartung ist immer gut. So können Sie einiges Geld sparen."
Vorwurf:	„Das ist doch die Höhe, was du dir erlaubst."
Antwort:	„Urlaub, Urlaub ist natürlich zur Erholung immer gut."
Antwort:	„Flöhe, ich hoffe doch, dass niemand davon befallen ist."

Die Verhörtechnik ist gar nicht so einfach, wie sie auf den ersten Blick aussieht. Die Technik eignet sich dann, wenn Sie mit besonders dummen Angriffen konfrontiert werden und wenn kaum Aussicht auf ein sachliches Gespräch besteht. Wirksam ist die Technik vor allem dann, wenn Publikum dabei ist, zum Beispiel bei einem Zwischenruf während eines Vortrags. Ist das Publikum jedoch unfreundlich gegen Sie eingestellt, wird Ihnen mit einer solchen Taktik keine geschickte Selbstverteidigung gelingen.

Immer schön übertreiben

Eine weitere beliebte und effektive Methode, um schlagfertig auf eine komische Aussage zu reagieren, ist die Übertreibung. Am besten kann man diese Technik an einigen Beispielen verdeutlichen.

Herr Müller ist von der Straßenbahn abgesprungen. Dabei landet er unsanft auf seinem Gesäß. „Sind Sie gefallen?" fragt ein besorgter Passant. Müller: „Nein, so steige ich immer aus."

Noch ein Beispiel: Ein Kleinwagen hält vor einer Großtankstelle. „Vier Liter Benzin und einen kleinen Becher Öl", will der Fahrer.

Mit Witz und Scharfsinn kontern

Darauf fragt der Tankwart höflich: „Soll ich Ihnen auch noch in die Reifen husten?"

Ein junger Berliner Maler hat einen Orden erhalten. Er zeigt ihn stolz und mit großer Freude dem berühmten Maler Max Liebermann. Liebermann ist davon wenig beeindruckt: „Passen Se uff! Bald kommen noch viel mehr. Wo ein Hund hinpisst, da pissen alle hin."

Eine witzige Umschreibung für eine Person, die pausenlos redet, könnte nach der Übertreibungstechnik folgendermaßen lauten: Diese Frau kann aber reden. Sie flog einmal nach Miami, und als sie zurückkam, hatte sie einen Sonnenbrand auf der Zunge.

Es gibt verschiedene Varianten der Übertreibungstechnik. Sie können

- übertreiben

- untertreiben

- ins Gegenteil übertreiben

Beispiel:

- Sie erwarten Post. Es trifft aber keine ein.
  Kommentar: Der Briefkasten quillt schon über.

- Sie machen einen Witz. Niemand lacht.
  Kommentar: Ich sehe, dass Sie sich nicht totlachen.

- Onkel Helmut fährt mit seinem neuen Porsche vor.
  Kommentar: Onkel Helmut fährt mit seiner Blechlaube vor.

- Zwei Männer beginnen sich zu streiten.
  Kommentar: Die beiden finden sich immer sympathischer.

Andeutungen und Anspielungen

Mit dieser Methode können Sie indirekte Aussagen humorvoll formulieren, die einen versteckten Hinweis beinhalten. Hintergründige Andeutungen sind ein Beweis für rhetorische Geschicklichkeit, mit der man vorsichtig, aber bestimmt auf unsinnige, peinliche oder dümmliche Aussagen reagieren kann. Folgende Anekdoten verdeutlichen noch einmal die Technik.

Beispiel:

„Wie geht's?", fragte der Blinde den Lahmen.
„Wie Sie sehen", antwortete der Lahme dem Blinden.

„Haben Sie eigentlich schon meinen hübschen Mann gesehen?"
„Nein, wieso, haben Sie denn zwei?"

„Es ist doch merkwürdig, Cäcilie, dass berühmte Männer oft unbedeutende Väter haben."
„Ich finde das sehr gut", sagt die Frau. „Dann hat unser Sohn die besten Chancen."

Eine reiche Dame ließ sich vom berühmten Maler Max Liebermann porträtieren. Besorgt fragte sie, ob ihr das Bild wirklich ähnlich sein würde.
„Ich male Sie ähnlicher, als Sie sind", versprach Liebermann.

Übung: **Versteckte Anspielungen**

Folgende Beispielsätze dienen zur Übung. Versuchen Sie, eine rhetorisch geschickte Antwort zu finden. Lösungsmöglichkeiten folgen anschließend.

Mit Witz und Scharfsinn kontern

1. Sie sind in einem Hotel. Zum Frühstück erhalten Sie nur einen winzigen Klecks Honig.

   Ihr Kommentar: ....

   ....

   ....

2. Sie gehen mit einem Freund durch den Regen. Ihr Freund hält den Regenschirm sehr ungeschickt über Sie.

   Ihr Kommentar: ....

   ....

   ....

3. Sie hören eine laute Stimme hinter der Tür. Die Sekretärin sagt: „Mein Chef spricht mit London."

   Ihr Kommentar: ....

   ....

   ....

Lösungsvorschläge:

1. „Eine Biene halten Sie auch?"

2. „Möchtest du in Zukunft einen einäugigen Freund? Dann lass mich den Regenschirm halten."

3. „Kann er nicht sein Telefon benutzen?"

Neue Perspektiven für alte Denkmuster

Wenn Sie in einer Situation einen neuen Aspekt erkennen und diesen geschickt ins Gespräch bringen, dann beweisen Sie eine hohe geistige Flexibilität.

Ein Mieter kann nicht schlafen. Aus der Wohnung über ihm dringt laute Musik. Er zieht sich seinen Schlafmantel an, geht zur oberen Wohnung und klingelt. Die Nachbarin öffnet. Der im Schlaf Gestörte entrüstet sich: „Bei diesem Krach kann ich nicht schlafen." Darauf antwortet sein Gegenüber: „So, Sie können nicht schlafen? Ja, denken Sie vielleicht, ich?"

Der junge Beamte erhält seine erste Gehaltsabrechnung. Dabei liegt ein Zettel mit dem Text: „Ihr Gehalt ist eine vertrauliche Sache, über die Sie mit niemandem reden dürfen." Der Beamte schickt den Zettel mit einem handschriftlichen Vermerk zurück: „Ich werde mit niemandem darüber reden. Bin darüber genauso beschämt wie Sie."

Praxis-Tipp:

Es ist gar nicht so einfach, eine nicht offenkundige Perspektive in einer Situation zu erkennen. Das Lesen von Witzbüchern schult Sie darin, neue Perspektiven in einer Situation zu erkennen.

Und noch ein Hinweis

Ein weiterer Tipp für eine gewiefte Reaktion, die bei besonders groben Angriffen garantiert immer wirkt. Immer, wenn man Sie mit einem Schimpfwort wie Idiot, Dummkopf, Banause usw. bezeichnet, projizieren Sie eine Vorstellungssituation hinein und sagen ganz einfach: „Angenehm, …". Anstelle der Pünktchen nennen Sie einfach Ihren Namen.

Mit Witz und Scharfsinn kontern

Ein junger Fotograf wurde von seiner Zeitungsredaktion zu dem Schriftsteller und Philosophen Ernst Jünger geschickt, um ein aktuelles Foto zum bevorstehenden 100. Geburtstag zu veröffentlichen. Schelmisch fragt er den älteren Herrn, ob er denn auch zu dessen 110. Geburtstag kommen dürfe, um wieder ein aktuelles Foto zu machen. Jünger sah sich den jungen Fotografen eine Weile genau an und sagte dann: „Ja, ich hoffe, Sie sind dann noch rüstig genug."

Wichtig: Versuchen Sie, in einer Situation immer eine neue Perspektive oder Sichtweise zu entdecken, die nicht vordergründig ist. Heben Sie dann die Aussage auf diese neue Ebene und formulieren Sie eine entsprechende Replik. Es muss ja nicht gleich so krass werden wie im folgenden Fall:

Beispiel:

Zu Zeiten Ludwig XIII. fand ein Graf seine Frau in Umarmung mit dem Bischof. Statt nun, wie üblicherweise zu erwarten, Liebhaber und Frau zu attackieren oder jammernd und zeternd davonzueilen, entschied sich der Graf für eine weitaus gewitztere Art der Kommentierung. Er ging zum Fenster, öffnete es und spendete den Leuten auf der Straße seinen Segen. Sein Frau – darüber sichtlich verwundert – fragte: „Mann, was tust du da?" Er entgegnete: „Monsignore übernehmen meine Pflichten, also erledige ich nun die seinen."

Ein gelungenes Beispiel dafür, wie sich mit einer flexiblen Denkweise und ein wenig Selbstironie selbst die peinlichsten Situationen mit Geist und Esprit meistern lassen.

Checkliste: Witzig parieren

- Witzig und schlagfertig sind Sie, wenn Sie die Äußerung Ihres Gegenübers in einen anderen Zusammenhang bringen.

- Je absurder dieser Zusammenhang ist, desto schlagfertiger wirken und sind Sie.

- Entscheiden Sie sich, spielerisch mit den Realitäten umzugehen.

- Antworten Sie mit Sprichwörtern, wenn Sie angegriffen oder provoziert werden. Je absurder sie sind, desto besser.

- Sie reagieren nach der Technik des absichtlichen Missverstehens, indem Sie mit Ihrer Antwort eine andere Bedeutung des Wortes ins Spiel bringen.

- Eine Variante dieser Technik ist, sich absichtlich zu verhören.

- Mit Übertreibungen und Verzerrungen verändern Sie die Aussagen Ihres Gegenübers.

- Bei der Technik der Andeutungen und Anspielungen verwenden Sie Aussagen, die in zweifacher Weise verstanden werden sollen.

- Mit der Technik des Perspektivwechsels erkennen Sie einen verdeckten Grundzug in der Situation und bringen ihn geschickt ins Spiel.

Harte Schlagfertigkeits-
techniken

3

Kontern:
Den Angriff zum Gegenangriff nutzen

Ein Beispiel für die Schlagfertigkeit von Winston Churchill haben Sie bereits gelesen. Hier nun ein weiteres: Einst wechselte Churchill aus dem Lager der Konservativen in das der Liberalen. Das sorgte seinerzeit in England für sehr viel Aufregung. Zu dieser Zeit schickte ihm George Bernhard Shaw zwei Theaterkarten für die Premiere seines neuen Theaterstückes. Beigefügt war ein Zettel, auf den Shaw geschrieben hatte: „Bringen Sie einen Freund mit, wenn Sie noch einen haben." Churchill antwortete darauf: „Bin an dem Abend parlamentarisch verhindert, komme zur zweiten Vorstellung, wenn es noch eine solche gibt."

Churchill war ein Meister der Kontertechnik. Bei der Kontertechnik wird ein Teil des Angriffs aufgenommen und in die Replik eingebaut. Wie ein Kung-Fu-Kämpfer nutzt man die Energie des Angriffes und lässt sie in eine schlagkräftige Parade einfließen.

Auch Chesterton beherrschte die Kontertechnik ausgezeichnet. Der dürre Shaw und Chesterton lagen sich häufig in den Haaren. „Wenn ich einmal so dick würde wie Sie", meinte Shaw, „würde ich mich aufhängen." „Und wenn ich einmal die Absicht haben sollte, mich aufzuhängen", entgegnete Chesterton freundlich, „würde ich Sie gern als Strick benutzen."

Der berühmte Berliner Maler Max Liebermann wurde von jemand, den er nicht leiden konnte, gefragt: „Na, was machen Sie denn heute für ein Gesicht?" Liebermann entgegnete: „Männeken, wenn ich Gesichter machen könnte, dann wären Sie der Erste, dem ich ein anderes machte."

Bei Verbalattacken ergreift man die Spitze der Offensive und biegt sie sozusagen in die Richtung des Gegners. Besonders wirksam ist die Antwort dann, wenn die Botschaft indirekt ausgedrückt wird, so dass der andere erst durch Weiterdenken die Aussage versteht.

Beispiel: ————————————————————

„Sie sehen aber wieder schlecht aus. Möchten Sie vielleicht rausgehen?"

„Wenn Sie mit Ihren Ausführungen fertig sind, wird es mir schlagartig besser gehen."

„Ihre Antworten gefallen mir nicht."

„Eine Antwort kann nur so gut sein wie die Frage."

„Du siehst nicht attraktiv aus."

„Wer im Glashaus sitzt, soll nicht mit Steinen werfen."

„Sie sind aber dick."

„Und wenn Sie ins Wasser springen, tauchen Sie ohne Badehose wieder auf."

„Du hast einen kleinen Horizont."

„Ausgezeichnet, dass du ein Fremdwort verwenden kannst."

Noch eins draufsetzen

Für die schlagfertige Wirkung Ihrer Antwort spielt es keine Rolle, ob sie wahr ist oder nicht. Denken Sie daran: Je grotesker Ihre Replik ist, umso überraschender wirkt sie. Ein sehr schlagfertiges Kontern wird im folgenden Fall bewiesen:

Der Dachdecker sagt zum Bauherrn: „Ich gebe Ihnen maximal vier Wochen, die restliche Zahlung zu leisten." Darauf der Bauherr: „Und ich gebe Ihnen eine Woche, die restlichen Mängel zu beheben, sonst kommt Sie das in spätestens zwei Wochen teuer zu stehen."

Die Wirkung der Antwort besteht nicht nur darin, die Spitze des Angriffs zu übernehmen. Die Erwartungen werden sogar durchbrochen. Die Anweisung wird zurückgegeben und obendrein noch überboten, denn die vorgegebene Zeit von vier Wochen wird auf zwei Wochen verkürzt. Der schlagfertige Konter wirkt hier nicht einmal unverschämt.

Einfach, aber wirkungsvoll

Eine Variante des Konterns erfolgt auch nach dem einfachen Prinzip der Umkehrung:

„Du bist nicht gerade hübsch."
„Du solltest dich erst einmal selbst anschauen."

„Ich habe das Gefühl, dass Sie Ihre Arbeit nicht schaffen."
„Dann sollten Sie mehr Ihre Vernunft einsetzen, wenn Ihre Gefühle versagen."

Zugegeben, der Gegenkonter nach dem Umkehrprinzip ist keine große geistige Leistung. Er hat aber eine erheblich bessere Wirkung, als wenn Sie sprachlos sind und den Kopf hängen lassen.

Ihr Konter birgt natürlich auch Gefahren. Ist er zu scharf, dann können Sie sich Feinde schaffen. Ein schwache Parade wiederum wirkt nicht und ist deshalb auch nicht befriedigend. Außerdem müssen Sie darauf gefasst sein, dass Ihr Gesprächspartner ebenso schlagfertig antwortet. Und dann liegt es wiederum an Ihnen, angemessen Kontra zu geben.

Das schlagfertige Kontern eignet sich besonders für folgende Fälle:

- Attacken, Kränkungen

- Schmähungen, Witze auf Ihre Kosten

- Wenn Ihnen jemand eine Falle stellen will

- Wenn Publikum dabei ist

Ohne zu kontern, werden Sie in der heutigen Zeit nicht auskommen, denn die Kommunikation ist in den letzten Jahren bissiger und aggressiver geworden. Moderne Schlagfertigkeit ist deshalb kreativ, provokant und erreicht mehr. Hier noch zwei Beispiele:

Beispiel:

Angriff: „Ich bin der Meinung, dass Ihre Ausführungen niemanden interessieren."

Ihre Antwort: „Und ich bin der Ansicht, dass Ihre Meinung niemanden interessiert."

Angriff: „Sie sind Optimist."

Antwort: „Und Sie schütteln über jeder Suppe so lange den Kopf, bis Sie ein Haar drin finden."

Praxis-Tipp:

Mit einem guten Gegenkonter verschaffen Sie sich Sympathien und Respekt.

Die „Sitzt immer"-Technik

Bei einem Seminar berichtete eine Frau: „Bisher war ich mit meiner Tätigkeit als Hausfrau und der Erziehung von drei Kindern voll ausgelastet. Seit einem halben Jahr bin ich in unserer Stadt politisch aktiv. Ich ärgere mich immer besonders darüber, wenn ich in Gegenwart anderer durch einen Politiker einer anderen Partei richtig lächerlich gemacht werde."

Nicht nur diese Dame war daran interessiert, schlagfertige Bemerkungen zu machen, die richtig sitzen. Viele Politiker sind begierig, Pfeile im Köcher zu haben, die bei Angriffen, Zwischenrufen oder unverschämten Kommentaren eingesetzt werden können.

Harte Schlagfertigkeitstechniken

Natürlich könnte in solchen Situationen die Technik des unpassenden Sprichwortes eingesetzt werden. Doch diese Technik gehört zu den sanften Schlagfertigkeitstechniken und eignet sich daher nicht als Konter auf einen scharfen Angriff. Nachfolgend einige Aussagen, die immer sitzen. Denn sie sind allgemein gültig und nicht an eine vorangegangene Aussage gebunden. Sie eignen sich besonders als Konter auf üble Zwischenrufe oder starke verbale Angriffe.

Konter mit „Sitzt immer"-Sprüchen, nach Bredemeier
„Beleidigungen sind die Argumente jener, die nicht über Argumente verfügen." (J.J. Rousseau)
„Ein ausgezeichneter Zwischenruf (Bemerkung). Wer hat Ihnen den (die) denn aufgeschrieben?"
„Ein toller Einwand, mussten Sie lange warten, bis er passte?"
„Ein toller Einwand, brauchten Sie viel Zeit, um ihn auswendig zu lernen?"
„Sie sprechen hörbar, doch nicht verstehbar."
„Sie verhalten sich wie jemand, der mit einem Schritt über den Abgrund will."

Die „Kennen Sie ...?"-Methode

Nehmen wir an, Sie halten einen Vortrag vor einem Publikum. Nicht weit von Ihnen sitzt ein Zuhörer, der Ihre Ausführungen immer mit höhnischen Bemerkungen kommentiert. Das Publikum lacht bereits darüber. Spontan fällt Ihnen nichts ein. Mit der „Kennen Sie ...?"-Technik sind Sie schlagfertig.

Beispiel:

Angriff: „Mit Ihnen ist ja überhaupt nichts los. Sie haben kein Gehirn und benehmen sich wie ein Känguru, leerer Beutel, große Sprünge."

Antwort: „Kannten Sie den Mann meiner Tante? Nein? Dann ist es ein großer Zufall. Sie wiederholen ständig seine Sprüche."

Schlagfertig wirkt die Antwort durch das Überraschungsmoment. Die Zuhörer schmunzeln über die Bemerkungen des Zwischenrufers. Der Angegriffene kontert mit einem geschickten Ablenkungsmanöver und fragt seinen Angreifer unvermittelt, ob er seinen Onkel kenne. Der Effekt besteht aber nicht allein in der Ablenkung. Wirkungsvoll wird die Antwort dann, wenn der Spannungsbogen der Antwort wieder zur Aussage zurückführt und der Angriff dann mit scharfen Geschützen attackiert wird.

Natürlich ist die Technik nicht auf Ihren Onkel beschränkt. Sie können sich auch eines anderen Verwandtschaftsgrades oder einer anderen beliebigen Person bedienen. Mit der unvermittelten „Kennen Sie …"-Technik werden Sie die Lacher immer auf Ihrer Seite haben.

Die „Besser als …"-Technik

Eine Dame sagt zu der anderen: „Deine Kleider sehen etwas altmodisch aus." Darauf die andere: „Besser etwas altmodisch als modisch und alt aussehen."

Die „Besser als …"-Technik ist ein Schlagfertigkeitsmuster, das von vielen Menschen angewendet wird. Bei dieser Technik wird nicht das bestritten, was vorgeworfen wird. Die Bedeutung wird aber heruntergespielt, nach dem Motto: Das ist im Vergleich zu dir nichts. Dann wird ein indirekter Gegenvorwurf gestartet. Denn alle Worte, die nach dem „als" kommen, richten sich an die Adresse des Gegenüber. Der indirekte Vorwurf sollte auf das Gegenüber passen. Bei der „Besser als ..."-Technik ist es nicht erforderlich, dass Sie das Wort des Vorwurfs genau aufgreifen. Sie können es auch etwas abwandeln oder mit dem Wort spielen.

Beispiel:

„Du bist ein ganz schönes Großmaul."
„Besser ein großes Maul und sehr offen als geistig träge."

Bei diesem Beispiel haben Sie sogar aus dem Vorwurf noch eine positive Schlussfolgerung gezogen, denn wer offen ist, der ist auch geistig aktiv.

Beispiel:

„Sie sehen ganz schön mitgenommen aus."
„Besser als bestellt und nicht abgeholt."

In diesem Beispiel spielen Sie sogar noch mit der Doppeldeutigkeit eines Wortes. Noch einige weitere Beispiele zur Verdeutlichung.

Beispiel:

„Dein Hut sieht aber blöd aus."
„Besser ein blöder Hut als eine blöde Bemerkung."

„Ihre Hose hat Falten."
„Besser Falten in der Hose als im Gesicht."

„Du bist eine Pfeife."
„Lieber eine Pfeife, als stumm und keinen Ton rausbringen."

Eine noch größere Wirkung erzielen Sie bei dieser Technik, wenn Sie mit der Mehrfachbedeutung eines Wortes spielen oder es absichtlich missverstehen.

Beispiel:

„Du bist eingebildet.“
„Besser eingebildet als ohne Bildung.“

„Das finde ich schlecht.“
„Besser etwas schlecht gefunden als überhaupt nicht.“

„In dieser Sache bist du kurzsichtig.“
„Besser kurzsichtig und alles genau erkannt, als weitsichtig und das Ziel aus den Augen verloren.“

Die Übersetzer-Technik „Wollen Sie damit sagen …“

Es gibt zwei Varianten dieser Technik. Bei der einen Technik wird der nicht offen ausgesprochene Vorwurf offengelegt.

„Die anderen hatten keine Schwierigkeit mit der Aufgabe.“
„Wollen Sie damit sagen, dass es mir am erforderlichen Wissen mangelt?“

„Leider ist der Auftrag durch einen Fehler verloren.“
„Wollen Sie damit sagen, dass mich die Schuld daran trifft?“

„Als Vater wirst du wohl noch für den Jungen Zeit haben.“
„Willst du damit sagen, dass ich mein Kind vernachlässige?“

Wenn Sie die Übersetzer-Technik in dieser Variante anwenden, ist der Angreifer meistens verwirrt und versucht, den Angriff herunterzuspielen. Vielleicht sagt er dann: „Das habe ich nicht so gemeint“, oder: „Da haben Sie mich völlig missverstanden.“ Nicht selten versucht dann der Angreifer, über Sie Positives zum Ausdruck zu bringen.

Die Technik eignet sich für folgende Situationen:

- Wenn Ihnen jemand durch die Blume etwas vorwirft

- Sie gekränkt oder beleidigt werden

- Sie unsachlich kritisiert werden

In diesem Zusammenhang ist es sehr wichtig, dass auf den Tonfall der Aussage des Gesprächspartners geachtet wird. Je nachdem, wie Sie einen Satz betonen, zum Beispiel: „Bei welchem Friseur warst du denn?", enthält er eine neutrale oder eine abfällige Aussage.

Mit der Übersetzer-Technik machen wir die Deutung des Gesagten sogar noch verletzender, als es vielleicht gemeint ist. Es gibt aber noch zwei weitere Möglichkeiten der Interpretation: Sie können die scharfen Töne dabei herausnehmen und den Angriff versachlichen. Oder Sie deuten den Angriff in eine angenehme Schmeichelei um.

Da diese beiden Techniken zu den sanften Schlagfertigkeitsmethoden zählen, werden wir sie im nächsten Kapitel näher behandeln.

Die „Wie bitte …"-Methode

Die „Wie bitte …"-Methode eignet sich dafür, bei einer Rede auf Zwischenrufe zu kontern oder auch auf Angriffe in Gegenwart von anderen zu reagieren.

Erhalten Sie einen Zwischenruf oder werden Sie mit einem Angriff konfrontiert, dann reagieren Sie mit der Frage „Wie bitte?" Selbst wenn der Angriff oder Zwischenruf noch so witzig ist, er verliert seine Wirkung, wenn er nochmals wiederholt wird. Die Mehrzahl der Zwischenrufer bzw. Angreifer wird auf die Frage „Wie bitte?" den Einwurf noch einmal wiederholen und damit erheblich an Schlagkraft einbüßen. Wird der Zwischenruf nochmals wiederholt, dann fragen Sie wieder: „Wie bitte?" Spätestens dann wird selbst dem Zuhörer mit der längsten Leitung klar, dass Ihnen der Angreifer auf den Leim gegangen ist.

Eine Variante wäre, den Angriff wiederholen zu lassen und dann zu sagen: „Und?"

Die Wirkung dieser Technik beruht darauf, den Angreifer immer mehr zu provozieren, während Sie selbst Sicherheit ausstrahlen. Er macht sich so vor den Zuhörern lächerlich. Obendrein bringen Sie mit dem „Und?" zum Ausdruck, wie wenig Sie sich davon beeindrucken lassen.

Die „Gerade weil …"-Technik

Häufig reagieren wir auf einen Angriff, indem wir versuchen, ihn zu widerlegen: „Das stimmt ja gar nicht!" Wir arbeiten auch mit Bagatellisierungen: „Das ist nichts im Verhältnis zu dem, was du tust." Oft reden wir unser Gegenüber auch einfach grundsätzlich klein.

All diesen Verhaltensweisen ist die Intention gemeinsam, dem anderen mitzuteilen: „Was du sagst, ist unrichtig. Ich dagegen habe Recht." Diese Methoden führen aber meist nicht zum gewünschten Erfolg, sondern verschlechtern im Grunde nur das Verhältnis zum Mitmenschen.

Mit der „Gerade weil …"-Technik dagegen fangen Sie den Vorwurf gewandt auf und verleihen Ihrem eigenen Argument noch mehr Gewicht. Sie stimmen dem Einwand zu und bringen dann Ihre Argumentation ein.

„Sie haben doch noch nicht viel Erfahrung im Verkauf." „Richtig, ich habe noch nicht viel Erfahrung. Gerade weil es so ist, kann ich die Sache unvoreingenommen beurteilen."

Mit der „Gerade weil …"-Technik zeigen Sie dem Gesprächspartner, dass Sie ihn ernst nehmen. Sie akzeptieren seinen Einwand und nutzen ihn für Ihr eigenes Argument.

„Sie sind zu alt."
„Natürlich bin ich älter als die meisten Bewerber. Gerade weil ich älter bin und viele Erfahrungen habe, bin ich dafür sehr geeignet."

Achtung: Die „Gerade weil …"-Technik wirkt nur dann, wenn Sie Ihrem Gesprächspartner auch einen offenkundigen Vorteil nennen, von dem er auch selbst etwas hat. Und den zu finden ist manchmal nicht ganz leicht.

Beispiel:

„Sie sind dagegen, weil Sie meinen Vorschlag nicht verstanden haben."
„Gerade weil ich ihn sehr gut verstanden habe, bin ich dagegen."

„Sie haben sehr lange studiert."
„Gerade weil ich länger studiere, habe ich sehr viel Wissen."

Die „Gerade weil …"-Technik liegt schon an der Grenze zu den sanften Schlagfertigkeitstechniken. Sie empfiehlt sich bei berechtigter Kritik und wenn Sie das Verhältnis nicht zu stark belasten wollen.

„Das ist Ihre Meinung …!"

Sie können jeden Angriff zunichte machen, wenn Sie einen allgemein gehaltenen Vorwurf als die alleinige Meinung des Kontrahenten darstellen: Sie müssen nur sagen: „Das ist Ihre Meinung."

Ein Politiker wurde im Fernsehen von einem Reporter angegriffen: „Sie haben sich zwar in Ihrer Partei vorläufig durchgesetzt. Doch lange wird dieser Scheinfriede nicht dauern, und dann haben Sie die größten Schwierigkeiten." Der Politiker antwortete schlicht: „Das ist Ihre Meinung."

Der Angriff wird ganz einfach abgewürgt, indem mit einer kurzen Antwort vermittelt wird, dass die Meinung des Gegners absolut unbedeutend ist und keine Relevanz für die Sache selbst besitzt. Hier einige Formulierungen, die Sie bei passender Gelegenheit immer anwenden können.

Allgemein gültige Formulierungen
„Das ist Ihre Ansicht."
„Nur Sie sehen das so."
„Das betrachten Sie so."
„Sie denken, dass es so ist."
„Ihre Meinung stimmt nicht mit einer objektiven Beurteilung überein."

Verstärkende Wirkung

Wenn jemand eine Aussage macht, dann bringt er damit nur seine Sicht und Bewertung der Wirklichkeit zum Ausdruck. Mit einer objektiven Bewertung hat das Ganze jedoch nichts zu tun. Da jeder für seine Sichtweise selbst verantwortlich ist, schafft er sich mit der eigenen Meinung auch selbst sein Problem.

Eine Entgegnung, die die Aussage des Gegners auf seinen persönlichen Betrachtungswinkel reduziert, wirkt noch schärfer, wenn Sie auf einen Vorwurf erwidern: „Das ist Ihr Problem." Sie können die vernichtende Wirkung noch verstärken, wenn Sie die

Aussage Ihres Kontrahenten noch einmal wiederholen und dann – als abschließendes Urteil – das Gesagte mit „Das ist Ihr Problem" kommentieren. Ihr Gegner wird normalerweise so schnell nichts darauf zu sagen wissen. Zur Verdeutlichung noch einige Beispiele:

Beispiel:

„Sie haben von technischen Dingen keine Ahnung."
„Das ist Ihre Meinung."

„Was ist denn das für ein Blödsinn?"
„Sie meinen, dass das Blödsinn ist. Das ist Ihr Problem."

„Du bist aufreizend gekleidet!"
„Du meinst, ich sei aufreizend gekleidet. Das ist dein Problem."

„Wir fühlen uns von Ihnen reingelegt."
„Das ist Ihre Meinung."

„Sie haben sich nicht an die Abmachungen gehalten."
„Sie meinen, wir haben uns nicht an die Abmachungen gehalten. Ihre Meinung interessiert uns nicht."

Klartext reden

Bei einer Fernsehsendung zum Thema: „Mütter-Söhne-Väter-Töchter" sprach der Talkmaster den anwesenden Dichter und Schriftsteller Wolf Wondraschek auf ein Verhältnis an, das er als Vierzehnjähriger mit einer wesentlich älteren Frau hatte. Nun hätte Wondraschek ganz einfach nur zu sagen brauchen: „Diese Geschichte gehört hier nicht zum Thema." Er ging aber wesentlich weiter. Wondraschek entgegnete nämlich: „Das ist unfair, dass

Sie das mit mir jetzt machen. Sie wissen genau, dass ich dieses komplexe Thema hier nicht in wenigen Minuten abhandeln kann."

Als der Talkmaster später eine Bemerkung machte, die Herrn Wondraschek nicht gefiel, kommentierte er sein Verhalten mit den Worten: „Jetzt werden Sie aber ironisch." Da Wondraschek nach seinen Klartextsätzen keine Gesprächspausen einlegte, sondern weitersprach, enthob er seinen Gesprächspartner einer Antwort.

Die beiden Feststellungen verfehlten dennoch nicht ihre Wirkung. Die Mimik des Talkmasters zeigte eine gewisse Betroffenheit, und sein Redefluss nahm in den nächsten Minuten erheblich ab.

Wenden Sie die „Klartext"-Technik an, wenn Sie das, was der andere sagt, verletzt oder zum Kochen bringt.

Beispiel:

> „Ich vermute, dass Sie das sowieso nicht begreifen."
>
> – „Was Sie da sagen, ist ein Angriff."
>
> – „Ihre Bemerkung ist eine Stichelei."
>
> – „Mit der Bemerkung schaffen Sie eine negative Gesprächsatmosphäre."
>
> – „Jetzt werden Sie ausfallend."
>
> – „Bitte bleiben Sie sachlich."
>
> – „Sie greifen mich persönlich an."
>
> – „Mit solchen Angriffen torpedieren Sie das Gespräch."

Die „Klartext"-Technik ist besonders dann angebracht, wenn etwas Wichtiges auf dem Spiel steht.

Harte Schlagfertigkeitstechniken

Manche Menschen versuchen, wenn sie wenige oder gar keine Argumente haben, mit provokativen und bissigen Bemerkungen ihr Gegenüber zu einer heftigen Reaktion anzustacheln. Obwohl solche Menschen selbst mit Schlägen unter der Gürtellinie begonnen haben, beschuldigen sie den der Unfairness und der Unsachlichkeit, der sich zu Gegenangriffen reizen ließ. Das Scheitern für das Gespräch schieben sie den anderen zu. Solche Menschen behaupten dann ganz einfach, Sie hätten mit den Taktiken begonnen, obwohl das nicht die Wahrheit ist.

Auf Distanz gehen

Wenn Sie mit der „Klartext"-Technik nicht den gewünschten Erfolg haben, hilft die „Distanzierungs"-Technik weiter. „Sie sind ein dummer Bengel." Nach so einem Angriff müssen Sie in die Distanz gehen. „Ich wünsche, dass Sie in einem anderen Ton mit mir sprechen." Oder auch:„Ich erwarte, dass Sie derartige Bemerkungen unterlassen."

Sie können natürlich auch schärfer reagieren, indem Sie sagen: „Ich erwarte, dass Sie sich entschuldigen", dann machen Sie eine Pause und warten auf die Antwort.

Nehmen wir an, dass Ihr Gegenüber nicht einlenkt und weitere Beleidigungen oder unverfrorene Angriffe folgen lässt, dann sagen Sie: „Das lasse ich mir von Ihnen nicht bieten. Wir unterhalten uns dann erst weiter, wenn Sie sachlich werden."

Ein solches Verhalten ist auch dann angebracht, wenn Sie der Chef zur Schnecke machen will und einen beleidigenden Ton anschlägt. Leider reagieren viele Menschen in einer solchen Situation wenig selbstbewusst. Sie ziehen die Schultern hoch und den Kopf ein, wie zu den Zeiten, als sie als kleines Kind von den Eltern gemaßregelt wurden. Es ist aber wichtig, auf solche massiven Angriffe selbstbewusst zu reagieren, sonst bleiben Sie auf der

Strecke. Seien Sie selbstbewusst. Sie haben ein Recht, mit Würde behandelt zu werden, selbst dann, wenn Sie einen Fehler gemacht haben.

Wenden Sie die „Distanzierungs"-Technik dann an, wenn

- Ihre Würde verletzt wird

- sich der Gesprächspartner im Ton vergreift

- die Kritik beleidigend und unsachlich wird

Beispiel:

„Sie werden das wohl nie lernen."
„Das ist eine Beleidigung. Ich erwarte, dass Sie sich entschuldigen."

„Hören Sie zu, Sie Dummkopf. Das ist ja alles ganz anders."
„Ich verbitte mir die Beleidigungen. Ich rede mit Ihnen erst wieder, wenn Sie nicht mehr diesen Ton anschlagen."

Checkliste: Harte Schlagfertigkeitstechniken

- Der Gegenangriff wirkt besonders dann schlagfertig, wenn Sie einen Teil des Angriffs in die Antwort übernehmen und Ihre Botschaft indirekt vermitteln. Diese zu erfassen, erfordert Weiterdenken, denn Ihr Gegenüber muss aus Ihrer Mitteilung die Schlussfolgerung ziehen.

- Sätze wie: „Beleidigungen sind die Argumente jener, die nicht über Argumente verfügen" eignen sich als Antworten für fast jede Situation.

- Mit der „Kennen Sie …"-Technik unterstellen Sie, dass der Angreifer die leeren Sprüche Ihres Großvaters, Onkels usw. anwendet.

Harte Schlagfertigkeitstechniken

noch: Checkliste: Harte Schlagfertigkeitstechniken

- Mit der „Besser als …"-Technik greifen Sie den Vorwurf auf, spielen ihn herunter und starten einen Gegenvorwurf, der heftiger ist.

- Mit der Übersetzer-Technik „Wollen Sie damit sagen …?" greifen Sie den Vorwurf auf und übertreiben ihn sogar, um dem anderen ein schlechtes Gewissen zu bereiten.

- Stellen Sie einem Angreifer mehrfach die „Wie bitte?"-Frage, dann machen Sie ihn lächerlich.

- Mit der „Gerade weil …"-Technik stimmen Sie der Behauptung des anderen zu, ziehen aber daraus entgegengesetzte Schlüsse als der Angreifer.

- Mit „Das ist Ihre Meinung" bzw. „Das ist Ihr Problem" haben Sie zwei Standardantworten, die Sie immer anwenden können.

- Sie reden Klartext, wenn Sie das Verhalten des Gesprächspartners beschreiben.

- Mit der „Distanzierungs"-Technik drohen Sie, den Kontakt abzubrechen, wenn Ihr Gegenüber seinen Ton nicht ändert.

Mit weichen Techniken reagieren

4

Unnötig: Auf jeden Angriff reagieren

In Diskussionen und Verhandlungen wird sehr oft versucht, das Gegenüber in unsachliche Behauptungen und Auseinandersetzungen zu verwickeln, so dass es von seinem Ziel abgelenkt wird. Deshalb kann es nicht das allein gültige Rezept sein, auf jeden Angriff einen Gegenangriff zu starten. Denn so machen Sie es sich selbst schwer, das Gesprächsziel zu erreichen. Entscheiden Sie selbst, ob Sie sich von einem Angreifer provozieren lassen wollen.

Kampftechnik als Vorbild

Machen Sie es wie beim Judo. Lassen Sie den Angreifer die Wucht seines Angriffs gegen sich selbst richten. Stellen Sie sich vor, wie sich der Angreifer fühlt, wenn er auf seine Provokation keine Beachtung findet. Wahrscheinlich hat er den Angriff sogar mit großem Zeitaufwand vor dem Gespräch vorbereitet. Und was tun Sie? Sie halten seine Anstrengungen noch nicht einmal für eine Antwort wert. So treffen Sie Ihren Gegner oft viel härter als mit einer spontanen Antwort. Mit Nichtreagieren erzielen Sie so manchmal eine große Wirkung. Bewahren Sie sich also die Freiheit, nicht auf jede Provokation sofort anzuspringen.

Nur keine Angst zeigen

Vielleicht meinen Sie: „Erweckt denn mein Verhalten nicht den Eindruck, ich wüsste nicht, was ich auf den Angriff zu sagen habe, und so triumphiert mein Gegner über mich?" Einen solchen Eindruck vermitteln Sie höchstens dann, wenn Sie Körpersignale der Angst senden. Arbeiten Sie mit den in Kapitel 1 angegebenen Techniken zum Aufbau Ihres Selbstbewusstseins, dann werden solche Signale vermindert. Außerdem können Sie Ihren Gegner durch bewussten Einsatz folgender Körpersprachensignale verunsichern und Stärke demonstrieren:

Stärke demonstrieren

- Lächeln Sie freundlich, als amüsierte Sie die Provokation.

- Legen Sie eine Pause ein und beobachten Sie Ihr Gegenüber wie ein seltenes Tier im Zoo.

- Nicken Sie dem Angreifer freundlich zu, als sei er ein guter Freund.

Spricht Ihr Gegenüber Sie auf Ihre Reaktionen an, dann begründen Sie diese nicht. Überhören Sie ganz einfach solche Fragen. So verunsichern Sie den Angreifer noch mehr.

Wenn Sie sich auf diese Art verhalten, dann haben Sie mit dem geringsten Aufwand den effektivsten Verhaltenserfolg erzielt.

Ablenkungsmanöver

Ein Politiker wurde von einem Journalisten gefragt, was denn die CDU nach der Wende noch nicht erreicht habe. Er antwortete: „Ich werde erst einmal darüber erzählen, was wir bereits erreicht haben, nämlich 1. …, 2. … , 3. …"

Danach unterbrach ihn der Journalist und stellte eine Frage zu einem ganz anderen Gebiet.

Was zeigt uns das Beispiel? Sie müssen das Denkmuster des Gesprächspartners nicht übernehmen. Sie können es durchaus durchbrechen.

Das Prinzip ist ganz einfach: Gehen Sie nicht auf den Angriff ein. Lenken Sie ab und sprechen Sie ein vollkommen anderes Thema an. Je länger Sie darüber reden, desto größer ist die Wahrscheinlichkeit, dass die Ablenkung funktioniert.

Mit weichen Techniken reagieren

Es ist erstaunlich – die meisten Menschen fallen auf diese einfache Technik herein. Hierzu einige Beispiele:

Beispiel:

- „Ich verstehe absolut nicht, dass Sie derartig dumme Gedanken entwickelt haben."
  „Weil wir gerade davon reden. Altersversorgung ist doch für uns beide ein wichtiges Thema. Ich habe dazu im Focus einen ganz interessanten Beitrag gefunden. Dort heißt es …"

- „Ich halte deine Meinung für nicht ausgereift, offen gesagt sogar für blöd."
  „Viel Sonne wünschen wir uns doch alle. Wenn es allerdings zu heiß und schwül ist, dann ist das auch nicht gut. Ich habe mir dazu folgende Dinge überlegt …"

Arbeiten Sie daher auch oft mit der Technik der Ablenkung. Je simpler die Technik ist, desto besser wirkt sie. Eine Variante der Übung besteht darin, ein Wort aus der Frage aufzugreifen und sich dazu umfangreich zu äußern, um so abzulenken. Politikerinnen und Politiker trainieren sogar, wie sie eine Antwort umgehen können.

Ein geradezu klassisches Beispiel ist folgendes:

Beispiel:

Frage eines Journalisten an einen Politiker: „Wie nehmen Sie zum schlechten Wahlergebnis Ihrer Partei Stellung?"

„Zunächst will ich einmal all unseren Wählerinnen und Wählern danken, die uns ihr Vertrauen geschenkt haben. Mein Dank gilt auch den vielen Helferinnen und Helfern, die uns mit so großem Eifer und Tatkraft unterstützt haben …"

Die Themenebene wechseln

Eine weitere Ablenkungstaktik ist die Umlenkung einer Frage auf die Ebene, die Ihnen angenehm ist:

„Wie erklären Sie sich, dass das gesetzte Ziel nicht erreicht wurde?"
„Die Frage ist so nicht zu stellen. Gehen Sie davon aus, dass …"

Wir werden auf diese Taktik und ihre weiteren Varianten noch in Kapitel 5 eingehen.

Zögern schafft Überlegenheit

Die Taktik des Abwartens ist eine der einfachsten Möglichkeiten, Ihren Gegner auszubremsen. Sie können dies leicht einsetzen, wenn Ihnen gerade keine Antwort einfallen will oder wenn Sie sich überfallen oder überrumpelt fühlen. Eine Verzögerung erlaubt Ihnen, sich Zeit zum Überlegen zu nehmen. Die Auszeit kann variieren, von mehreren Minuten bis zu mehreren Tagen.

Beginnen wir mit der „Gedulden Sie sich einen Augenblick"-Technik. Nehmen wir an, Sie erhalten bei einem Vortrag den Zwischenruf: „Diesen Rat, den Sie da geben, nimmt Ihnen doch keiner ab", dann antworten Sie: „Gedulden Sie sich einen Augenblick. Seien Sie so freundlich und nehmen Sie diese Äußerung einen Moment zurück. Sie hören gleich noch Aussagen, wo sie noch besser passt." So weisen Sie den Angreifer mit Ironie in seine Schranken, ohne ihn direkt zu konfrontieren.

Natürlich lässt sich der Zeitraum für eine verzögerte Reaktion noch vergrößern, dann allerdings wird auch die Härte der Taktik verstärkt.

„Ihre Meinung finde ich vollkommen abwegig."
„Morgen um 16.00 Uhr werde ich Ihnen sagen, wie ich darüber denke."

Mit weichen Techniken reagieren

Es liegt ganz bei Ihnen, wie viel Zeit Sie sich für die Antwort nehmen. Sie müssen sich auch gar nicht zeitlich festlegen. Sie gewinnen Zeit und Abstand, wenn Sie einfach sagen: „Ich werde in Ruhe darüber nachdenken und Sie dann informieren."

Nach dieser Technik ging ein Politiker vor, der auf die Frage eines Journalisten: „Welche Konsequenzen werden Sie persönlich aus der Schwarzgeldaffäre Ihrer Partei ziehen?" antwortete: „Sie verstehen, dass ich erst alle Einzelheiten genau prüfen muss, bevor ich eine Stellungnahme dazu abgebe."

Mit der Verzögerungstaktik schützen Sie sich vor voreiligen und unbedachten Äußerungen, auf die man Sie später festlegen könnte. In den meisten Fällen stehen Sie auch gar nicht unter dem Zwang, etwas zu sagen. Diese traurige Erkenntnis machte auch der so gewiefte Herr Schäuble, den eine unbedachte Äußerung zur Parteispendenaffäre sogar den Vorsitz in seiner Partei kostete.

Natürlich kann es nicht darum gehen, drängende Fragen immer aufzuschieben. Und immer um Bedenkzeit zu bitten, macht auch einen schwachen Eindruck. Wenden Sie die Technik der Verzögerung bei überfallartigen Fragen an, wenn Sie unter Zeitdruck gesetzt werden oder wenn Ihnen sonst nichts einfällt. Äußern Sie sich dann so: „Ich sage Ihnen morgen, wie ich darüber denke." Oder auch: „Sie werden Verständnis haben, dass ich dazu jetzt nichts sagen kann. Ich gebe Ihnen Bescheid, wenn ich mich genau darüber informiert habe."

Mit Komplimenten irritieren

Eine sehr geschickte Art, auf einen Angriff zu reagieren, ist es, Komplimente zu verteilen. Da überhebliche Menschen meist größere Minderwertigkeitsgefühle haben, versuchen sie, mit arrogantem Auftreten solche Mängel zu überdecken. Diese Menschen sind für Komplimente besonders stark empfänglich. Haben Sie es mit solchen Angebern zu tun, die Sie attackieren, dann loben Sie sie einfach.

„Sie haben einen Fehler begangen. Richtig ist, wie ich es dargelegt habe."

„Kompliment, wie Sie das geschafft haben."

Schärfer mit Übertreibung

Natürlich können Sie das Kompliment auch gewaltig übertreiben. Dann wirkt es ironisch, und Ihr Gesprächspartner fühlt sich vielleicht auf den Arm genommen. Unter Umständen erkennt er dann seine eigene Überheblichkeit.

„Sie haben einen Fehler begangen. Richtig ist, wie ich es dargelegt habe."

– „Ich bewundere Ihr Wissen und Ihre Intelligenz."
– „Ich kenne niemanden, der es mit Ihnen aufnehmen könnte."
– „Sie übertreffen sogar Einstein."

Nutzen Sie gelegentlich die „Kompliment"-Methode, um Ihren Kontrahenten den Wind aus den Segeln zu nehmen. Sie können zum Beispiel bei einem Vortrag zu einem Zwischenruf sagen: „Das ist eine ausgezeichnete Bemerkung. Sie erlauben doch, dass ich sie mir aufschreibe." Oder Sie erwidern ironisch: „Kompliment, eine solche gewitzte Bemerkung habe ich Ihnen nicht zugetraut."

In beiden Fällen verstärken Sie die Wirkung, wenn Sie zum Zwischenrufer gehen, ihm die Hand schütteln und ihm erst dann Ihre Antwort mitteilen.

Sie setzen diese Technik am besten dann ein, wenn Sie es mit einem überheblichen Menschen zu tun haben. Wollen Sie mit ihm zu einem guten Gesprächsende kommen, übertreiben Sie lieber nicht, da er sich sonst lächerlich gemacht fühlt.

Zustimmung mit Übertreibung

Bei dieser Technik gibt es zwei Varianten. Entweder geben Sie dem Angreifer Recht, fügen aber einen der folgenden Nachsätze zu:

- Wenn du dich dadurch besser fühlst

- Wenn es dir hilft

- Wenn es für dich notwendig ist

- Wenn es dir so besser geht

Beispiel:

„Wo hast du denn die Nacht zugebracht? Du siehst ja schrecklich aus."
„Wenn du dich dadurch besser fühlst, gebe ich dir Recht."

„Du hast in der letzten Zeit viel Mist verzapft."
„Wenn es dir hilft, dann gebe ich dir Recht."

Oder aber Sie stimmen dem Vorwurf zu. Sie übertreiben ihn so, dass er dadurch lächerlich wirkt. So läuft der Angriff ins Leere. Sie erinnern sich, wann eine Antwort besonders schlagfertig wirkt? Sie wirkt dann umso schlagfertiger, je absurder sie ist und zusätzlich die eigentliche Aussage indirekt mitgeliefert wird.

Beispiel:

„Du hast ja kein Studium."
„Stimmt. Ich bin aus dem Kindergarten nicht herausgekommen."

„Sie sind unmännlich."
„Stimmt. Ich bin eine Frau."

„Du bist reichlich naiv."
„Stimmt, demnächst mache ich bei Big Brother mit."

„Du hast dich aber verändert."
„Richtig, mein Hund knurrt mich auch schon an."

Verbalattacken umformulieren

Mit dieser Technik geben Sie den Aussagen Ihres Gegenübers einen veränderten Inhalt. Aus gehässigen Formulierungen und Angriffen machen Sie durch Umformulierungen positive Aussagen.

Beispiel:

„Sie sind ein Esel."
„Wenn Sie unter einem Esel jemanden verstehen, der sich nicht manipulieren lässt und eine eigene Sicht der Dinge entwickelt, dann gebe ich Ihnen Recht."

„Sie verhalten sich wie ein Invalide, der vom Krieg erzählt."
„Wenn Sie damit ausdrücken wollen, dass meinen Ausführungen viele Erfahrungen zugrunde liegen, dann gebe ich Ihnen Recht."

„Die Schlagfertigkeitstechniken sind ja viel zu aufwändig."
„Wenn Sie unter aufwändigen Techniken solche verstehen, die das ganze Gebiet zwischenmenschlicher Kommunikation betreffen, dann gebe ich Ihnen Recht."

„Du bist pedantisch."
„Wenn du unter pedantisch jemanden verstehst, der sich stets genau informiert und vor dem Detail nicht zurückschreckt, dann gebe ich dir Recht."

> „Sie sind ein Theoretiker."
>
> „Wenn Sie unter einem Theoretiker jemanden verstehen, der nicht ständig dasselbe tut, sondern nach erfolgreichen neuen Möglichkeiten sucht, dann gebe ich Ihnen Recht."

Mit der Technik der Umformulierung verändern und eröffnen Sie Angriffe und Einwände so, wie Sie diese interpretieren wollen, um ihnen beipflichten zu können. So entschärfen Sie die Situation. Mit solchen Umdeutungen wirken Sie sehr sprachgewandt.

Scheuen Sie sich nicht, diese Technik auszuprobieren. Mit wachsender Übung gelingen Ihnen die Umformulierungen immer besser. Sie werden noch kreativer!

Sachlich und emotional spiegeln

Sachlich und emotional zu spiegeln ist eine ausgezeichnete Technik, Vorwürfe des Gegenübers auf eine sachliche Ebene zu bringen! In der zwischenmenschlichen Kommunikation bewegen wir uns immer auf zwei Ebenen:

- Auf der Ebene der Tatsachen

  Die Tatsachen sind bei Vorwürfen oder Angriffen meistens übertrieben.

- Auf der Ebene der Gefühle

  Bei einem Gespräch wechseln wir immer zwischen den beiden Ebenen hin und her.

  Spiegeln auf der sachlichen Ebene heißt: Die Ausführungen des Gesprächspartners mit anderen Worten wiederzugeben, ohne den Inhalt zu verändern.

  Spiegeln auf der emotionalen Ebene bedeutet: Sie geben ein Statement zum Gefühl des anderen ab.

Beispiel:

Angriff: „Ihre Ausführungen sind total unsinnig."

Antworten auf der Sachebene (sachliche Spiegelungen):
„Sie haben sich Gedanken zu meinen Ausführungen gemacht."
„Sie sind mit meinen Darlegungen nicht einverstanden."
„Sie sind anderer Meinung."
„Sie haben andere Vorstellungen, das Problem zu lösen."
„Ihnen gefallen meine Ausführungen nicht."

Antworten auf der Gefühlsebene (emotionale Spiegelungen):
„Sie sind verärgert."
„Sie sind erregt."
„Sie sind ablehnend."
„Sie sind wütend."
„Sie sind zornig."
„Das beschäftigt Sie."
„Das bedrückt Sie."
„Sie sind besorgt."
„Sie sind entsetzt."
„Sie haben ein unwohles Gefühl."

Bei der emotionalen Spiegelung kommt es nicht darauf an, das Gefühl des Gesprächspartners genau zu treffen. Liegen Sie mit Ihrem Statement daneben, dann wird er Sie schon korrigieren. Machen Sie sich also keine unnötigen Sorgen darüber, welches die richtige Gefühlsbezeichnung ist. Gefühle sind meistens mehrschichtig, daher treffen oft verschiedene Bezeichnungen zu. Sie können es sich auch einfach machen: Sagen Sie schlicht: „Sie haben ein unangenehmes Gefühl." Dann brauchen Sie nicht zu differenzieren.

Trotz Attacken – weiterspiegeln

Meistens ist es mit einer sachlichen und emotionalen Spiegelung noch nicht getan, da auf den ersten Angriff weitere folgen. Bleiben Sie dann bei der Technik und spiegeln Sie weiter. Zugegeben, die Technik stellt Ansprüche an Ihre Fähigkeit, sprachlich zu differenzieren. Wer in seinem Sprachschatz nur die Worte „cool", „geil", „toll", „bescheiden" hat, muss eben einige dazulernen. Dafür trainieren Sie Ihre Kreativität und können Ihr Gefühlsleben mannigfaltiger beschreiben.

Die Technik des Spiegelns sieht einfacher aus, als sie ist. Denn hierbei gilt es, folgende Fehler zu vermeiden:

- Sich selbst einbringen
- Werten, qualifizieren
- Kritisieren, moralisieren, verallgemeinern
- Beruhigen, beschwichtigen, trösten, bagatellisieren

Voraussetzung: Verständnis füreinander

Wir unterscheiden den Dialog und gesteuerten Monolog. Beim Spiegeln steuern wir den Monolog des Gesprächspartners. Wir bringen also keine eigene Stellungnahme in das Gespräch.

Natürlich besteht ein Gespräch nicht nur aus Spiegeln. Sie entscheiden selbst, wann Sie vom Spiegeln wieder zum Dialog übergehen, bei dem jeder seine eigenen Ansichten vertritt. Wenn Sie die Gefühle des anderen benennen, dann bringen Sie auch zum Ausdruck, dass Sie seine Gefühle akzeptieren. Akzeptieren Sie die Gefühle anderer Menschen, so haben Sie längst nicht die entsprechenden Ursachen und Hintergründe dazu übernommen. Beim emotionalen Spiegeln setzen Sie sich auch nicht mit den Hintergründen auseinander, sondern allein mit den Gefühlen. Auf diese Art geben Sie dem anderen eine gewisse Hilfe, die ihn entlastet.

Wenn Sie zu den Emotionen Ihres Gegenübers Statements abgeben, bringen Sie ihn dazu, mehr darüber zu sagen. Spricht er über seine Emotionen, so verschaffen Sie ihm eine gewisse Therapiewirkung. Und je länger der Gesprächspartner über seine Emotionen redet, desto größer ist der therapeutische Effekt. Wenn die negativen Emotionen des Gesprächspartners erschöpfend verbalisiert worden sind, entwickeln sich langsam positive Impulse.

Den Inhalt des letzten Satzes werden besonders die Leser nachvollziehen können, die es gelegentlich mit reklamierenden Kunden zu tun haben. Das Beste ist, den Kunden nur schreien und toben zu lassen, bis er sich ausreichend Luft gemacht hat. Hat sich der Kunde ausreichend Luft gemacht, wird er meistens wieder zugänglicher und vernünftig.

Achtung: Eine Spiegelung allein bringt den Angriff noch nicht auf eine sachliche Ebene zurück. Sie müssen den Prozess des Spiegelns schon wiederholt ausführen. Versuchen Sie aber immer, die oben genannten Fehler zu vermeiden.

Hier einige Beispiele für die unterschiedlichen Fehlerquellen:

Spiegeln: Diese Fehler vermeiden

- Sich einbringen
  „So etwas, was Sie sagen, ist mir schon auch einmal passiert. Danach habe ich es bedauert."

- Konkrete Sachfragen stellen
  „Was meinen Sie eigentlich konkret?"

- Werten, qualifizieren
  „Was Sie da sagen, ist Unfug."

- Kritisieren, moralisieren, verallgemeinern
  „Sie reden jetzt unüberlegt."
  „Das gehört sich nicht."
  „Ich bezweifle, ob Sie die richtige Übersicht haben."

- Beruhigen, beschwichtigen, bagatellisieren
  „Wenn weiter nichts ist."
  „Es gibt Schlimmeres."
  „Nehmen Sie das Ganze doch nicht so tragisch."

> *noch: Spiegeln: Diese Fehler vermeiden*
>
> ■ Ratschläge erteilen, belehren, warnen
>   „Ich weiß einen guten Rat."
>   „Da tun Sie besser Folgendes ...."
>   „Das kann schlimme Folgen für Sie haben."

Die Spiegeltechnik ist besonders dann geeignet, wenn Sie darauf angewiesen sind, mit dem Gesprächspartner in Zukunft zusammenarbeiten zu müssen und wenn Sie auf eine Eskalation der Auseinandersetzung keinen Wert legen. Sie wenden die Techniken bei unsachlicher Kritik und bei Vorwürfen an. Die Anwendung der Technik nützt allerdings nichts, wenn Sie ein unversöhnlicher Feind angreift, der überhaupt nicht daran interessiert ist, mit Ihnen ein gutes Verhältnis zu haben. Fehlt es an dieser Bereitschaft, so werden all Ihre Anstrengungen mit dieser Technik nicht zum Erfolg führen.

Emotionale Ich-Botschaften

Auch bei den emotionalen Ich-Botschaften wird zwischen zwei Arten unterschieden. Sie können mit emotionalen Ich-Botschaften Ihre Gefühle beschreiben, um so dem anderen deutlich Grenzen zu setzen. Das hilft aber nur dann, wenn der Gesprächspartner an einer Partnerschaft interessiert ist.

Oder Sie senden emotionale Ich-Botschaften, die ironisch gemeint sind. Diese Technik ist dann nützlich, wenn Ihre Gesprächspartner keine Partner, sondern Gegner sind. Diese würden ehrliche Ich-Botschaften als Zeichen der Schwäche werten, die ihnen willkommen sind und die sie ausnutzen können. Hat ein Gegner kein Interesse daran, sich mit Ihnen langfristig zu einigen, so hilft dabei keine positive Technik.

Positive Botschaften

Beschäftigen wir uns zunächst mit der positiven Technik emotionaler Ich-Botschaften.

Mit dieser Technik versuchen Sie, Ihre Partner durch Ich-Botschaften von einer weiteren Konfrontation abzubringen. Solche emotionalen Ich-Botschaften sind beispielweise:

- „Das beschäftigt mich."

- „Das ärgert mich."

- „Das beunruhigt mich."

- „Ich mache mir große Sorgen."

- „Das ist mir sehr unangenehm."

- „Ich bin erschüttert."

- „Ich bin entsetzt."

- „Ich fühle mich betroffen."

- „Ich bin im Zweifel."

- „Das gibt mir zu denken."

- „Ich bin erstaunt."

- „Ich mache mir große Sorgen."

Praxis-Tipp:

Mit emotionalen Botschaften zeigen Sie Selbstbewusstsein. Sie zeigen, dass Sie zu Ihren Gefühlen stehen.

Haben Sie den Eindruck, dass man Sie unfair behandeln will, dann arbeiten Sie mit anderen Ich-Botschaften. „Ich erwarte Anstand und Respekt." Oder auch: „Ich erwarte Höflichkeit und Sachlichkeit."

Ich-Botschaften mit Ironie

Kommen wir nun zu der harten Variante dieser Technik, nämlich Ich-Botschaften zu senden, die ironisch gemeint sind.

Beispiel:

„Sie wissen ja noch nicht einmal, was Sie wollen."

„Das trifft mich aber sehr. Mir kommen gleich die Tränen."

Bei meinen Seminaren konnte ich immer wieder feststellen: Menschen tun sich allgemein schwer, über Gefühle zu reden. Es fällt ihnen auch nicht leicht, mit emotionalen Aussagen anderer umzugehen. Solche Aussagen lösen Irritationen bei ihnen aus, und sie überlegen, wie das wohl gemeint sein könnte. Und so haben Sie die Gesprächspartner schon etwas verwirrt.

Mit einer Gegenfrage parieren

Zwei Männer unterhalten sich.

Einer sagt zum anderen: „Warum beantwortest du meine Frage mit einer Gegenfrage?" Darauf der andere: „Warum darf ich auf eine Frage keine Gegenfrage stellen?"

Stellen Sie auf eine Frage eine Gegenfrage, so befreien Sie sich aus der Forderung, die der andere an Sie richtet. Denn: Wer fragt, der führt.

Mit einer Gegenfrage erreichen Sie noch zwei weitere Dinge.

- Ihr Gesprächspartner muss seine Meinung präzisieren. So gelingt es Ihnen vielleicht, ihn auf eine sachliche Ebene zu bringen.

- Sie gewinnen Zeit, um sich auf Ihr Gegenüber einzustellen.

Beispiel: ─────────────────────────────

„Du bist ja in deinen Denkweisen erheblich eingeschränkt."
„Ich verstehe nicht, was du damit sagen willst. Kannst du es mir bitte erläutern?"

„Du bist wohl als Kind zu heiß gebadet worden."
„Kannst du mir bitte näher erläutern, was dich stört?"

Der Vorteil der Formulierung: „Kannst du mir das näher erläutern?" ist, dass Sie den Satz bei jedem Angriff anwenden können. Ich halte diesen Satz für äußerst wichtig. Sie sollten sich diese Formulierung unbedingt einprägen.

Der Satz eignet sich auch sehr gut bei Einwänden. Dazu werden Sie im nächsten Kapitel noch mehr erfahren. Ungeeignet ist eine Gegenfrage allerdings, um bei einem Zwischenrufer während eines Vortrages zu kontern. Denn damit erhält der Zwischenrufer die Möglichkeit, die Aufmerksamkeit des Publikums noch stärker auf sich zu ziehen und den Vortragenden um seine Redezeit zu bringen. Besser wäre es, in einem solchen Fall mit dem Satz „Ich beantworte die Frage am Ende meiner Ausführungen" zu reagieren und zugleich den Blickkontakt zum Zwischenrufer abzubrechen.

Abgesehen von Zwischenrufen ist eine Gegenfrage die beste Technik, um auf unangenehme Fragen und Provokationen zu reagieren. Trainieren Sie daher, auf eine Frage eine Gegenfrage zu stellen. Mit der Gegenfrage verblüffen Sie und gehen von einer Defensiv- in eine Offensivhaltung über.

Ihre Rückfrage wirkt dann besonders schlagfertig, wenn Sie am Ende auch noch den Namen des Angreifers anfügen. „Können Sie mir das bitte näher erläutern, Herr Müller?"

Mit weichen Techniken reagieren

Hier noch einige Beispiele zur Rückfragetechnik:

Beispiel:

„Wie Sie mit mir reden, gefällt mir nicht."
„Was gefällt Ihnen nicht daran, wie ich mit Ihnen rede?"

„Was werden Sie tun, wenn Ihr Geschäft pleite geht?"
„Was würden Sie mir denn empfehlen?"

„Warum haben Sie den Abschluss noch nicht fertig?"
„Warum fragen Sie?"

„Werden Sie nicht aggressiv."
„Weshalb empfinden Sie mich so?"

„Wie sieht es um die Anlage für die Gesellschaft A aus?"
„Was genau wollen Sie denn wissen?"

„Was ist Ihre Meinung zu der Dreistigkeit?"
„Was sagen Sie denn dazu?"

„Sie haben dem Kunden die Ware zu billig angeboten."
„Zu welchem Preis hätte ich denn die Ware verkaufen sollen?"

„Nennen Sie mir den niedrigsten Preis."
„Angenommen, wir können uns einigen, schließen Sie dann hier und jetzt ab?"

„Ich empfinde Sie als anmaßend."
„Was müsste ich tun, damit Sie mich nicht als anmaßend empfinden?"

„Haben Sie das Gerät beschädigt?"
„Was genau soll ich daran beschädigt haben?"

„Sie haben den Kunden beleidigt."
„Von welchem Kunden reden Sie?"

Im Folgenden finden Sie noch einige weitere Möglichkeiten, um gezielt Fragen zu stellen. Nach Einzelheiten fragen Sie mit: was, wann, wo, wie.

Nach Definitionen fragen Sie am besten mit: „Was verstehen Sie unter …?" Oder: „Was bedeutet … für Sie?"

Wenn Sie die Frage zurückgeben wollen, sagen Sie: „Was tun Sie, wenn …?" Um einen Vorwurf aus der Welt zu schaffen, fragen Sie: „Was müsste sein, damit Sie das nicht mehr bedrückt?" Oder auch: „Was müsste sein, damit für Sie die Sache aus der Welt geschafft ist?"

Hier abschließend einige weitere Fragen, die Sie häufig anwenden können:

Hilfreiche Fragen

„Warum fragen Sie?"

„Wie meinen Sie das?"

„Worauf zielen Sie ab?"

„Weshalb ist das für Sie wichtig?"

„Was ist Ihre Ansicht dazu?"

„Was interessiert Sie genau?"

„Woher haben Sie die Information?"

„Wieso bereitet Ihnen das Schwierigkeiten?"

Die Fragetechnik ist nicht nur besonders effektiv, um Provokationen erfolgreich zu begegnen. Sie ist ganz allgemein das beste Mittel, um sich in Diskussionen und Auseinandersetzungen zu behaupten.

Checkliste: Mit weichen Techniken reagieren

- Reagieren Sie auf einen Angriff nicht und senden Sie dabei selbstsichere Körpersignale. So lassen Sie den Angriff ins Leere laufen.

- Mit der Technik der Ablenkung führen Sie die Aufmerksamkeit Ihres Kontrahenten vom Vorwurf weg.

- Mit der Verzögerungstechnik schützen Sie sich vor überfallartigen Aktionen und vermeiden, sich selbst zu schaden.

- Verwirren Sie durch ein Kompliment oder liefern Sie durch Übertreibung einen ironischen Kommentar.

- Sie stimmen dem Angriff zu mit dem Nachsatz: „Wenn du dich dadurch besser fühlst", und spielen ihn so herunter.

- Sie übernehmen einen Vorwurf und übertreiben seine Aussage, so dass er lächerlich wird.

- Durch die Umformulierung eines Angriffs machen Sie daraus eine positive Aussage.

- Sachliches und emotionales Spiegeln entschärft eine Situation und schafft die Voraussetzung für eine positive Zusammenarbeit.

- Mit emotionalen Ich-Botschaften setzen Sie dem Gesprächspartner Grenzen.

- Mit der Technik der Gegenfragen versachlichen Sie Provokationen und Einwände.

Schlagfertig in Auseinandersetzungen und Diskussionen

5

Wer fragt, bestimmt die Richtung

Die Frage ist in allen Gesprächssituationen das wichtigste Instrument. Das gilt auch bei Auseinandersetzungen und Diskussionen.

> **Praxis-Tipp:**
>
> Wer fragt, der führt und bestimmt die Richtung des Gesprächs.

Von den meisten Menschen wird die Fragetechnik nicht oder nur unzureichend eingesetzt. Um Fragen effektvoll zu nutzen und damit erfolgreich und geschickt auf Einwände und Vorwürfe zu reagieren, müssen einige wesentliche Anforderungen erfüllt werden. Für eine raffinierte Gesprächsführung ist es nötig:

- Mehr zu fragen

- Weniger zu sagen

- Besser zuzuhören

- Pausen zu ertragen

- Vor dem Sprechen zu überlegen

Bei allen Seminaren, die ich seit 25 Jahren durchführe – ob es sich um Mitarbeiterführung, Verkaufsgespräche, Kommunikation oder Rhetorik handelt –, ergeben die ersten Übungen immer das Gleiche: Zu Anfang wird stets zu wenig gefragt, zu viel geredet und nicht richtig zugehört.

Achtung: Wer viel redet, bietet viel Angriffsfläche. Je länger jemand redet, desto mehr Ansatzpunkte liefert er seinem Kontrahenten, der sich ein schwaches Detail herausgreifen und es widerlegen kann. Um dieses Fehlverhalten abzustellen, ist viel Disziplin und vor allem auch Übung erforderlich.

Vorteile und Fehlerquellen der Fragetechnik

Die Vorteile der Fragetechnik liegen klar auf der Hand. Wenn Sie Ihrem Gegenüber Fragen stellen, ist er mit der Frage bzw. der Antwort beschäftigt. Sie gewinnen Zeit. Außerdem erhalten Sie durch geschicktes Fragen die Informationen, mit denen Sie das Gespräch weiterführen können.

Ein weiterer Vorteil ist: Solange Sie fragen, brauchen Sie nicht zu widersprechen. In dieser Zeit vermeiden Sie Konflikte. Zudem können Sie mit Fragen das Denken des Gesprächspartners in eine neue Richtung lenken und ihm so neue Perspektiven eröffnen oder ihn geschickt in die von Ihnen gewollte Richtung führen.

Vorteile der Fragetechnik

- Wer fragt, gewinnt Zeit.

- Wer fragt, erhält Informationen.

- Wer fragt, kann Konflikte vermeiden.

- Wer fragt, eröffnet neue Perspektiven.

- Wer fragt, führt.

Wer allerdings die Fragetechnik anwendet, ist auch vor bestimmten Fehlern nicht gefeit. Ungeduldigen Menschen passiert es oft, dass sie ihre eigenen Fragen selbst beantworten, weil sie die Antwort des Gesprächspartners nicht abwarten können. Häufig werden auch zusammen mit der Frage zu viele Alternativantworten gegeben. Das macht es schwer, das Gespräch nach Wunsch zu steuern. Diese Schwierigkeit ergibt sich auch, wenn zu viele Fragen hintereinander gestellt werden, da sich Ihr Gegenüber die Frage aussucht, die er beantworten will.

Fehler bei der Fragetechnik

- Die eigenen Fragen selbst beantworten
- Zu viele Alternativantworten bieten
- Mehrere Fragen auf einmal stellen

Die wichtigsten Fragearten

Fragen werden in geschlossene und offene Fragen eingeteilt. Die meisten Menschen verwenden oft nur geschlossene Fragen, auf die nur mit „Ja" oder „Nein" geantwortet werden kann. Ihr Ziel muss es jedoch sein, mehr offene Fragen zu verwenden, denn nur so nutzen Sie die oben erwähnten Vorteile der Fragetechnik.

Wenig informativ: Geschlossene Fragen

Ein Beispiel für eine geschlossene Frage wäre folgende Konstruktion: „Gefällt Ihnen das Haus?" „Ja." „Wollen Sie es kaufen?" „Nein." Zu den geschlossenen Fragen zählen verschiedene Fragetypen. Die folgende Liste zeigt, welche dazugehören.

Geschlossene Fragen

- Kontrollfragen
  „Haben Sie die Aufgaben erledigt?"

- Provozierende Fragen
  „Ist Ihnen diese Regel nicht bekannt?"

- Alternativfragen
  „Möchten Sie das Ei hart oder weich gekocht?"
  (Die Möglichkeit, kein Ei zu nehmen, wird ausgeschlossen.)

---

noch: Geschlossene Fragen

- Suggestivfragen
  „Sie sind doch auch der Meinung, dass …?"

- Das Ja-Fragenvorgehen

  „Sind Sie auch der Meinung, die Renten sind zu niedrig?"

  „Ja."

  „Wollen Sie später eine höhere Rente?"

  „Ja."

  „Wollen Sie deshalb eine Zusatzversicherung abschließen?"

  „Ja."

  „Wollen wir uns also mit den Möglichkeiten dafür beschäftigen?"

  „Ja."

Mehr Wissen mit offenen Fragen

Offene Fragen bringen mehr Information als geschlossene Fragen. Ein Beispiel für eine offene Frage wäre: „Warum wollen Sie das Haus nicht kaufen?"

Bei einer offenen Frage kann der Gesprächspartner nicht mit einem einfachen „Ja" oder „Nein" antworten. Da die offenen Fragen alle mit einem W-Fragewort beginnen, werden sie auch als W-Fragen bezeichnet – was, warum, wer usw.

Welche Fragen als offene Fragen gebraucht werden können, zeigt die folgende Liste.

Offene Fragen

- Informationsfragen
  „Wie werden Sie die Maschine ausstatten?"

- Motivationsfragen
  „Was schlagen Sie uns als Experte vor?"

- Rückfragen bzw. Gegenfragen
  „Was erwarten Sie von uns?"
  „Was haben Sie zu bieten?"

- Fangfrage
  „Welche Strecke sind Sie zu uns gefahren?"
  (Sie wollen wissen, ob der Besucher mit dem Auto kam.)

- Definitionsfragen
  „Sie sagen ‚eigentlich'. Was meinen Sie mit ‚eigentlich'?"

Informationsfragen

Mit diesem Fragetyp versuchen Sie, Informationen vom Partner zu erhalten. Hier einige Beispiele für Informationsfragen:

- „Was ist wichtig für Sie?"

- „Worauf legen Sie großen Wert?"

- „Welche Ziele haben Sie?"

- „Wann benötigen Sie die Maschine?"

- „Was wünschen Sie anders?"

- „Welche Vorstellungen haben Sie?"

- „Aufgrund welcher Tatsachen sind Sie zu der Meinung gelangt?"

Mit Informationsfragen vertiefen Sie Ihr Wissen über eine Person oder über eine Sache. Um aber noch gezielter an Informationen zu kommen, können Sie Ihre allgemeinen Fragen mit W-Fragen präzisieren.

Beispiel:

„Sind Sie kompetent?"
Besser:
„Wodurch haben Sie Ihre Kompetenz erworben?"

„Haben Sie Erfolg bei Unternehmen?"
Besser:
„Wie schaffen Sie Erfolg bei Unternehmen?"

„Sind Sie an dem Buch interessiert?"
Besser:
„Was interessiert Sie an dem Buch?"

Alternativfragen

Mit dieser Frageart bieten Sie dem Befragten die Möglichkeit, zwischen zwei oder auch mehreren Alternativen auszuwählen. „Wollen wir das heute oder morgen besprechen?" Je nachdem, welche Alternativen Sie bieten, erhalten Sie die Antworten, die Sie brauchen.

Praxis-Tipp:

Durch Alternativfragen, verbunden mit Unterstellungen, Behauptungen und Provokationen, können Sie Ihren Kontrahenten in eine bestimmte Richtung manövrieren.

„Sie haben schon viel Pech gehabt. Wollen Sie Ihr Leben heute oder gar nicht ändern?" Der Hinweis, der Gesprächspartner habe viel Pech gehabt, ist eine Unterstellung, die mit der Alternativfrage zum Negativen hin sogar noch verstärkt wird. Das ist ein direkter Manipulationsversuch.

So begegnen Sie Alternativfragen

Wenn man versucht, Sie mit solchen Fragen zu beeinflussen, können Sie zum Beispiel mit folgenden Antworten parieren: „Ich will weder das eine noch das andere. Ich will …" Oder: „Sie zeigen zwei Alternativen, die sich so nicht stellen. Es geht hier vielmehr darum, dass …"

Suggestivfragen

Mit Suggestivfragen will man auf den anderen Druck ausüben und ihn dazu bringen, der eigenen Meinung zuzustimmen.

Beispiel:

„Sie sind doch sicher auch der Meinung, dass …"
„Sicher sind Sie mit mir darüber einig, dass …"

Die Wirkung der Suggestivfragen beruht auf Schlüsselworten wie „sicher", „doch", „auch", um das Gegenüber zu beeinflussen. Obwohl diese Form der Manipulation in einem fairen Gespräch nicht angebracht ist, wird sie doch sehr häufig verwendet. Es ist erstaunlich, wie viele Menschen auf diese Art zu beeinflussen sind. Untersuchungen haben gezeigt, dass die Wirkung sogar verstärkt wird, wenn man dabei zustimmend mit dem Kopf nickt. So erfolgt eine subtile Beeinflussung des Unterbewusstseins des Gesprächspartners.

Abwehr von Suggestivfragen

Am besten wehrt man sich gegen diese Frageart, indem man diese Technik offen anspricht. „Warum wollen Sie mich mit Suggestivfragen manipulieren?" Oder: „Sind Sie nicht auch der Meinung, dass auf Suggestionsfragen nicht geantwortet werden sollte?" Sie können auch einfach eine andere Meinung vertreten.

Fangfragen

Fangfragen sind eine raffinierte Fragetechnik, um Informationen zu erhalten, die mit einer direkten Frage nicht erfragt werden können oder sollen.

Beispiel:

Jemand will in einer fremden Stadt zum Pfandleihhaus. Er schämt sich aber, direkt danach zu fragen. Er stellt also zunächst eine andere Frage:

„Verzeihen Sie, wo geht es hier zum Bahnhof?"

„Diese Straße weiter geradeaus und dann die dritte rechts."

„Aha, neben dem Pfandleihhaus."

„Nein, da müssen Sie in die andere Richtung gehen und dann die vierte Straße rechts und die erste links."

„Vielen Dank."

Fangfragen spielen auch im Geschäftsleben eine große Rolle. Ein Geschäftsführer erzählte mir, dass er vor dem Preisgespräch in eine Unterhaltung über die allgemeine Wirtschaftslage und dann über die Auslastung seines Betriebs verwickelt wurde. Der Kunde wollte damit feststellen, wie nötig er einen Abschluss brauchte.

Auf Fangfragen reagieren

Die Abwehr von Fangfragen besteht darin, gegenüber indirekten Fragen misstrauisch zu sein. Sie sprechen Fangfragen als solche an und stellen Gegenfragen.

Auseinandersetzungen und Diskussionen

„Was ist der Hintergrund Ihrer Frage?"

„Warum ist diese Information für Sie so wichtig?"

„Was wollen Sie konkret erfahren?"

Motivationsfragen

Mit einer Motivationsfrage versuchen Sie, durch ein vorgeschobenes Lob des Gesprächspartners eine Bereitwilligkeit zu bewirken, Ihre nachgeschobene Frage zu beantworten.

Beispiel:

„Herr Müller, Sie sind anerkannter Experte im Verkauf. Wie schaffen Sie es, neue Kunden zu gewinnen?"

Wenn Sie das Bild Ihres Gegenübers so darstellen, wie er selbst sein will, wird er häufig das Opfer dieser Taktik. Er wird gern reden und Ihnen mit hoher Wahrscheinlichkeit helfen, wenn er es kann.

Die Abwehr der Motivationsfragen besteht darin, diese zu erkennen und nicht auf Schmeicheleien reinzufallen.

Definitionsfragen

Wir alle verwenden unsere Sprache, ohne uns oft über einige Begriffe voll im Klaren zu sein. Obendrein gibt es auch viele Worte, die eine mehrfache Bedeutung haben. Sie bringen deshalb jeden Menschen in Schwierigkeiten, wenn Sie eine Definition stellen.

Beispiel:

„Wir legen großen Wert darauf, mit unserem Kunden optimal zusammenzuarbeiten."

„Was verstehen Sie unter ‚optimal zusammenarbeiten'?"

Abwehr von Definitionsfragen

Wenn Sie eine Definitionsfrage gestellt bekommen, dann bringen Sie den Gesprächspartner dazu, selbst eine Definition zu geben: „Was verstehen Sie unter …?"

Provokativfragen

Mit provokativen Fragen werden negative Emotionen geweckt, um den anderen aus dem Gleichgewicht zu bringen. Signalworte für diese Frageart sind „wenigstens", „überhaupt", „wirklich", „eigentlich" usw.

Beispiel:

„Wissen Sie das überhaupt?"

„Meinen Sie das wirklich so, was Sie da gesagt haben?"

„Können Sie überhaupt die Folgen Ihres Vorschlags absehen?"

Auf provokative Fragen reagieren

Die Abwehr von Provokativfragen erfordert emotionale Stabilität und Disziplin. Lassen Sie sich nicht provozieren. Bleiben Sie gelassen.

„Ich lass mich nicht provozieren."

„Ich antworte nicht auf Provokationen."

Unterstellungen

Es gibt positive und negative Unterstellungen.

„Haben Sie noch immer ein positives Verhältnis zu Ihren Kollegen?"

„Haben Sie noch immer ein negatives Verhältnis zu Ihren Kollegen?"

In beiden Fällen wird nicht gefragt, ob ein negatives oder positives Verhältnis vorliegt, es wird einfach unterstellt. Die Unterstellungsfragen erhalten einen noch zwingenderen Charakter, wenn Sie auch die Anzahl der Antworten vorgeben, die Sie erwarten.

Beispiel:

„Nennen Sie mir zwei Gründe, weshalb Sie ein negatives Verhältnis zu Ihrem Kollegen haben."

Sie wehren Unterstellungen ab, indem Sie diese als solche bezeichnen.

Abwehren:
Unterbrechende und unangenehme Fragen

Eine häufige Praxis bei Auseinandersetzungen und Diskussionen ist, mitten in den nicht vollendeten Satz Ihrer Antwort mit einer Frage hineinzuplatzen, zum Beispiel:

„Die Maßnahme war notwendig, weil …"
„War die Maßnahme überhaupt notwendig?"

Die Abwehr einer solchen Taktik erfordert viel Disziplin und Gelassenheit. Sagen Sie in einem solchen Fall: „Unterbrechen Sie mich nicht", dann wirkt das in Gegenwart von anderen oft ungehalten und negativ.

Sie müssen aber eine Abwehrtaktik anwenden, denn durch Unterbrechungen wird Ihre zusammenhängende Argumentation zerstört und Sie erwecken den Eindruck, keine Konzeption zu haben. Wehren Sie sich also gegen unterbrechende Fragen.

Abwehr von unterbrechenden Fragen

Überhören Sie die Zwischenfrage, übergehen Sie diese und reden Sie langsam weiter. Ergänzen Sie aber dann am Ende Ihrer Antwort „Wie Sie festgestellt haben, lasse ich mich nicht unterbrechen."

Eine weitere Variante ist, nach erfolgter Unterbrechung zu sagen: „Lassen Sie mich bitte zu Ende reden." Oder: „Ich fahre dort fort, wo Sie mich unterbrochen haben."

Praxis-Tipp:

Wenn Sie stereotyp auf jede Unterbrechung reagieren, dann ist es dem Gegenüber unangenehm. Er gibt seine Taktik auf, Sie zu verwirren.

Abwehr von unangenehmen Fragen

Um einen Gegner für kurze Zeit sprachlos zu machen, ist es erforderlich, dass Sie sich einige überraschende Fragen zurechtlegen. Sehr hilfreich ist es, diese Fragen auswendig zu lernen. Ist es Ihnen gelungen, den Gegner für kurze Zeit zu verblüffen, dann nutzen Sie die Zeit für weitere aktive Vorstöße.

Praxis-Tipp:

Formulieren Sie eine Frage mehrfach um, bis sie an Bedeutung verloren hat.

Beispiel:

A: „Was ist das Geheimnis Ihrer Anlage?"

B: „Ich kann Ihnen darauf eine Antwort geben. Doch was tun Sie mit der Information, die ich Ihnen gebe?"

> A: „Was soll ich damit machen? Mich interessiert das."
>
> B: „Nochmals: Behalten Sie diese Information für sich oder geben Sie diese an andere weiter?"
>
> A: „Ich gebe sie nicht weiter. Mich interessiert das."
>
> B: „Dann ist es reine Neugierde von Ihnen. Sie nutzt weder Ihnen noch mir. Sie hatten vorher keine Nachteile, als Sie die Information nicht hatten. Und ich vermag auch ohne Ihre Neugierde weiter gut zu leben."
>
> A: „Hm!"

Bei dieser Taktik handelt es sich nicht um Gegenfragen, sondern um eine fragende Umformulierung. Der Gesprächspartner wird dabei veranlasst, seinen Standpunkt zu überdenken.

Die Beispiele auf den beiden Seiten sind dem Buch „Satanische Verhandlungskunst" von Ruede-Wissmann entnommen, ebenso die Abwehr unangenehmer Fragen. Das Buch vermittelt sehr gute Techniken für harte Verhandlungssituationen und ich empfehle es.

Diese Taktik stammt bereits vom griechischen Philosophen Diogenes, der durch seine Fragen anderen zu Einsichten und zur Weisheit verhelfen wollte. Von ihm ist auch eine Anekdote bekannt, die seine Methode verständlich an einem Beispiel beschreibt.

Beispiel:

> Einst kam ein Freund aufgeregt zu Sokrates.
>
> „Sokrates, weißt du schon? Ich muss dir erzählen."
> „Warte, Freund," entgegnete Sokrates gelassen. „Hast du schon über drei Fragen nachgedacht, bevor du redest?"
> „Welche drei Fragen meinst du, Sokrates?"
> „Ist es wahr, was du mir erzählen willst?"
> „Ich habe es zwar nicht gesehen, doch die Leute berichten davon."
> „Meine zweite Frage, ist der Inhalt deiner Erzählung gut?"

> „Nein, doch die Sache ist interessant."
>
> „Nun meine dritte Frage: Ist es notwendig, dass ich es weiß?"
>
> „Notwendig und von Nutzen ist es nicht, es ist aber interessant."
>
> „Dann, mein Freund, lass uns den Göttern danken, dass wir jetzt nicht in den Fehler verfallen sind, über die Fehler eines Menschen ohne Erfordernis zu reden. Bist du nicht auch meiner Meinung?"

Das Beispiel zeigt sehr deutlich, wie geschickt Sokrates das Denken seines Freundes durch Fragen lenkt und nicht einfach Behauptungen aufstellt.

Abwehrtechniken

Hier einige Beispielsätze, mit denen Sie unangenehme Fragen abwehren können.

Abwehr unangenehmer Fragen

„Ist die Frage für Sie existenznotwendig?"

„Die Frage ist doch anders zu stellen, nämlich …"

„In Ihrer Frage liegt ein Vorwurf, den ich nicht annehme, und zwar …"

„Sie haben die Frage nach X gestellt. Die wichtigste Frage ist doch die nach Y, und zwar …"

„Warum erwarten Sie von mir die Beantwortung Ihrer Frage?"

„Zu dieser Frage gibt es noch eine Menge Alternativen; haben Sie so viel Zeit, dass ich sie hier nenne …"

Geben Sie eine kurze Antwort als Alibi und stellen Sie dann eine Gegenfrage. Die kurze Antwort kann auch eine einfache Wiederholung der Aussage des Gegenübers sein, und dann bringen Sie Ihre Frage: „Sie haben nach … gefragt. Was bewegt Sie zu dieser Frage?"

Aussagen mit Fragen verbinden

Im Kapitel über weiche Schlagfertigkeitstechniken wurde empfohlen, mit einer Gegenfrage zu reagieren. Nun könnte der Gegner auf Ihre Gegenfrage antworten: „Immer der Reihe nach. Beantworten Sie erst meine Frage, dann beantworte ich Ihre Frage." Deshalb empfiehlt es sich manchmal, vor Ihrer Gegenfrage eine kurze Antwort zu geben. Darauf wurde im vorangegangenen Abschnitt hingewiesen.

„Warum ist ein Fehler begangen worden?"
„Es liegt kein Fehler vor. Wie kommen Sie darauf?"

„Warum können Sie nicht verständlich reden?"
„Ich meine, die anderen sind anderer Ansicht. Wo liegen Ihre Schwierigkeiten?"

Praxis-Tipp:

Ganz gleich, um welche Antwort es sich auch immer handelt: Wenn Sie an eine kurze Antwort eine Frage anhängen, drängen Sie den anderen in die Defensive.

Beispiel:

„Bei Ihrer Firma ist doch einiges nicht korrekt gelaufen."
„Ich bin nicht Ihrer Meinung. Wie kommen Sie darauf?"

„Sie haben die Angelegenheit nicht korrekt erledigt."
„Das stimmt nicht. Warum verstehen Sie mich falsch?"

Bei all den Beispielen ist wichtig, dass Sie nach dem Aussagesatz keine Pause machen und sofort die anschließende Frage bringen. Mit einer direkten, bissigen oder auch witzigen Frage werden Sie Ihr Gegenüber immer verblüffen.

Mit Pausen locken

Beim Reden Pausen einzulegen – wenigstens in geringem Maße – ist schon deshalb erforderlich, weil Sie vor dem Sprechen überlegen müssen, was Sie sagen. Tun Sie das nicht und handeln Sie nach dem Grundsatz „Wie kann ich wissen, was ich denke, bevor ich höre, was ich sage", so werden Sie am Ende bei fast allen Auseinandersetzungen und Diskussionen verlieren.

Pausen einlegen als rhetorisches Mittel ist aber noch einmal etwas anderes. Hat Ihr Gesprächspartner zu Ende gesprochen, dann schauen Sie ihn in Ruhe, ohne abwehrende Mimik und Gestik, an. Die Wirkung wird nicht ausbleiben, denn die meisten Menschen vermögen keine Pause zu ertragen. Sie reden und reden.

Typische „Verkäuferfalle"

Mit dieser Technik entlocken Sie dem anderen häufig noch weitere Informationen, die er Ihnen so ohne Fragen gibt. Verkäufer gehen oft in diese Falle. Sie reden unkontrolliert drauflos, ohne eine Frage zu stellen, weil sie glauben, der Kunde sei nur durch ein Bombardement an Argumenten zum Kauf zu bewegen.

> **Praxis-Tipp:**
> Werden Sie nicht das Opfer der Pausentechnik des Gesprächspartners. Reden Sie nicht in der Pause, stellen Sie besser eine Frage.

Mit der Pausentechnik können Sie sogar Aussagen so vermitteln, dass Sie die Wirkung einer Frage haben. So bringen Sie den Partner zu einem ungezwungenen Sprechen.

Beispiel:

A: „Sie arbeiten mit dem Berater seit vielen Jahren zusammen." A macht eine Pause und schaut sein Gegenüber fragend an.

B: „Die Zusammenarbeit wird bald beendet sein." Damit wurde eine klare Aussage gemacht.

Natürlich kann Ihnen der Gesprächspartner nach Ihrer Aussage erzählen, was er will. Vielleicht antwortet er auch nur mit einem einfachen „Ja" oder „Nein". Häufig wird er Ihnen freiwillig auf die Aussage noch mehr Informationen liefern. Aber seien Sie auf der Hut, nicht selbst zum Opfer der Pausentechnik und des fragenden Anschauens zu werden.

Pausen nutzen

Sie haben die Möglichkeit, auf Pausen gekonnt zu reagieren. Wird mit einer Aussage versucht, Sie zum Reden zu bringen, dann stellen Sie in dieser Situation eine Frage:

„Wollen Sie mir eine Frage stellen?"

„Welche Frage haben Sie?"

Schlagfertig aus der Defensive

Hier einige Hinweise, wie Sie sich selbst aus den unangenehmen Situationen befreien.

Praxis-Tipp:

Stellen Sie permanent kritische Fragen.

Um kritische Fragen zu stellen, benötigen Sie keine große Sachkenntnis. Allerdings sind Mut und Selbstbewusstsein erforderlich, um sich zu wehren. Bauen Sie also mit der Technik der Selbstbejahung konsequent Mut und Selbstbewusstsein auf. Die entscheidenden Voraussetzungen für geschickte Selbstbehauptung sind:

- Erkennen Sie, wie Sie manipuliert werden sollen.

- Zeigen Sie Selbstbewusstsein.

- Stellen Sie Fragen.

- Lassen Sie sich nicht provozieren.

Wichtig: Denken Sie bitte daran: Stellen Sie keine wertenden Fragen. So geben Sie dem Gesprächspartner keinen Anlass, eine solche abzuwürgen.

Beispiel:

„Wie sind Sie zu der Ansicht gelangt?"

„Welches Faktenmaterial haben Sie Ihren Feststellungen zugrunde gelegt?"

„Sie schließen von der heutigen Situation auf die Zukunft. Welche Annahmen haben Sie dabei gemacht?"

Beantwortet Ihr Gegenüber die Fragen nicht, so blamiert er sich. Das tut er auch, wenn er mit unfairen Techniken arbeitet und Sie diese offenlegen. Mit wertenden Fragen wie „Sind Sie nicht vorschnell zu dieser Ansicht gelangt?", oder: „Haben Sie nicht einen Fehler begangen, von der jetzigen Situation auf die Zukunft zu schließen?" machen Sie es Ihrem Gesprächspartner leicht, sich herauszuwinden. Denn er sagt auf beide Fragen nur: „Ich habe gründlich recherchiert." Fragen Sie dagegen zum Beispiel: „Wie sind Sie bei Ihren Recherchen vorgegangen?", so sind Sie wieder auf der Erfolgsspur.

Sich mit Fragen verteidigen

Im Folgenden finden Sie einige Fragen, die Sie in jeder Defensivsituation anwenden können. Es lohnt sich sehr, wenigstens drei davon auswendig zu lernen.

Natürlich müssen Sie darauf gefasst sein, dass Sie Ihr Gegenüber angreift, wenn er sein aufgebautes Gedankenkonzept in Gefahr sieht. Lassen Sie sich nicht reizen, wenn der Gegner unter die Gürtellinie schlägt.

Fragen aus der Defensive

- „Jede Medaille hat zwei Seiten. Die eine haben Sie gerade dargestellt. Wie sieht aber nun die andere Seite aus?"
  Haken Sie dann konsequent nach: „Warum ist es so und nicht anders?"

- „Sie haben eben gesagt, dass …
  Würden Sie das bitte näher erläutern!
  Können Sie das an einem Beispiel erläutern?"

- „Welche anderen Meinungen haben Sie in Ihrem Konzept berücksichtigt?
  Wie stehen Sie zu anderen Ansichten und Meinungen?"

Weitere Paradetechniken

Beantwortet der Gegner Ihre Fragen, dann kommentieren Sie diese nicht und widerlegen Sie diese auch nicht: „Ihre Antwort lassen wir einmal im Raum stehen. Mich interessiert vor allem …"
Oder: „Was ist Ihre Meinung dazu?"

Will Sie der andere zur Stellungnahme drängen, dann sagen Sie: „Ich will meine Antwort noch zurückstellen, weil mir noch nicht klar ist, was in dem Zusammenhang … der Einfluss von … ist. Was meinen Sie dazu?"

Eine häufige Redensart ist: „Ja, aber …" Versucht man, Sie damit in eine Defensivsituation zu bringen, dann antworten Sie: „Sie sagten ‚ja, aber' … Was meinten Sie mit ‚Ja'?"

Mit diesen Techniken befreien Sie sich aus jeder Defensivsituation und übernehmen die Führung.

Unfairer Dialektik schlagfertig begegnen

Im folgenden Abschnitt finden Sie eine Zusammenstellung von häufig angewandten Techniken unfairer Dialektik, wie sie Ihnen in vielen Gesprächssituationen begegnet. Lesen Sie, wie Sie dagegen vorgehen können.

Die Unterbrechungstaktik

Ihr Gegenüber versucht, Sie durch laufende Unterbrechungen aus dem Konzept zu bringen, zum Beispiel mit der Frage: „Woher haben Sie denn das alles?"

Antwort:

„Seien Sie bitte fair. Lassen Sie mich erst meine Darlegungen zu Ende bringen."

Der Personenangriff

Hier wird nicht die Sache, sondern die Person angegriffen, da es offenbar an guten Argumenten mangelt:

„Ihre Argumente sind genauso wirr wie Ihre Frisur."

Antwort:

„Bitte bleiben Sie sachlich."

„Wir reden hier nicht über meine Frisur, sondern …"

Auseinandersetzungen und Diskussionen

„Wir reden hier nicht über Fragen des Geschmacks, sondern über …"

Die Diversionstaktik

Die Bezeichnung dieser Taktik stammt von Schopenhauer. Hierbei wechselt der Gesprächspartner das Thema.

Antwort:

„Bleiben Sie bitte beim Thema."

„Bringen wir erst dieses Thema zu einem Abschluss."

Die Gegensatz-Taktik

Ihr Gegenüber benutzt nur extreme Standpunkte, um Sie zu provozieren.

Antwort:

„Sie sprechen von Extremen. Das hilft uns, die häufigsten Situationen richtig zu bewerten, die in der Mitte liegen."

Die Induktionstaktik

Ihr Gesprächspartner verwendet ein einschlägiges Einzelbeispiel und baut darauf eine allgemein gültige Aussage auf.

Antwort:

„Sie bringen ein einzelnes Beispiel. Davon lässt sich keine allgemein gültige Aussage ableiten."

Die Theorie-Praxistaktik

Ihr Gegenüber gibt Ihnen zwar Recht. Er sagt jedoch, dass die Aussage zwar in der Theorie ganz gut, jedoch in der Praxis nicht zu verwirklichen sei.

Antwort:

„Es ist nichts bekannt, was dagegen spricht."

„Bewährt sich eine Theorie in der Praxis nicht, taugt die Theorie nichts."

Die Verneblungstaktik

Die Methode wird verwendet, um Nebensächliches so hochzuspielen, damit das wirkliche Ziel der anderen Seite nicht offenbar wird.

Antwort:

„Was haben die von Ihnen angeführten Punkte mit dem Thema zu tun?"

„Was ist Ihr eigentliches Ziel, worauf wollen Sie hinaus?"

Die Zitatetaktik

Der Gesprächspartner zitiert Autoritäten und will so Beweise führen.

Antwort:

„Zeigen Sie mir das Zitat." Zeigt er das, dann fragen Sie:

„Wo haben Sie es in der Literatur gefunden?" (Buchtitel, Jahrgang usw. ...)

Weisen Sie dann darauf hin, dass in diesem Fall die Voraussetzungen nicht gegeben sind, um das Zitat auf die vorliegende Situation anzuwenden.

Die Widerspruchstaktik

Man geht nicht auf Ihre Aussage ein, sondern weist auf Widersprüche zu Ihren Meinungen hin, die bereits Monate und länger zurückliegen. Diese Taktik läuft darauf hinaus, Ihnen keine klare Linie, Wankelmut und andere negative Eigenschaften zuzuordnen.

Antwort:

„Weitere Tatsachenkenntnis hat zu einer Änderung meiner Meinung geführt."

Die Kompetenztaktik

Bei Jüngeren wird die Kompetenz wegen des Alters infrage gestellt, weil sie noch nicht so viel wissen können wie Ältere. Bei Älteren wird unterstellt, sie hätten bereits abgebaut und seien nicht auf dem aktuellen Stand des Wissens.

Antwort:

„Sie haben zwar mehr Berufserfahrung. Aber neue Ideen sind fast immer wichtig zur Weiterentwicklung."

„Gerade weil ich noch nicht so viel Berufserfahrung habe, bin ich unbefangen und sehe die Dinge, wie sie sind."

Im Falle eines älteren Mitarbeiters:

Antwort:

„Ich bin mit der Entwicklung der Branche auch fachlich gewachsen und wende das neuste Wissen bereits praktisch an."

Die Phrasen- und Floskeltaktik

Ihr Gegenüber versucht, Sie mit Phrasen und Floskeln einzuwickeln. Er spricht von ethischen Werten und anderen Dingen.

Antwort:

„Ihre Ausführungen sind durchaus interessant. Kommen wir doch wieder zum Thema zurück."

Die Präzisionstaktik

Sie versuchen, die große Linie didaktisch geschickt darzustellen. Ihr Gegenüber wendet ein, dass Sie wichtige Details vernachlässigen: „Der Teufel steckt bekanntlich im Detail."

Antwort:

„Sie haben Recht. Ich zeige zum klaren Verständnis erst die große Linie auf. Auf Einzelheiten gehe ich später noch ein."

Die Naiventaktik

Der Gegner spielt den Naiven und den Dummen, um Sie zu verwirren. Er wiederholt mehrmals: „Das verstehe ich nicht. Können Sie das nicht mit einfachen Worten für jeden verständlich erklären?"

Antwort:

„Bitte erläutern Sie mir detailliert, wo ich mich nicht verständlich ausgedrückt habe."

Wiederholt der Gesprächspartner seine Äußerungen immer wieder, dann antworten Sie:

„Bei meinen Ausführungen muss ich ein Grundwissen voraussetzen, da meine Vortragszeit kurz bemessen ist."

Die Einordnungstaktik

Der Gesprächspartner ordnet Sie einer bestimmten Gruppe zu und verallgemeinert dann zum Beispiel: „Alle Schaffner sind doch …"

Antwort:

„Warum wollen Sie von allen auf einen und von einem auf alle schließen?"

Die Fremdworttaktik

Der Gesprächspartner will Sie mit einem Fremdwort verwirren oder benutzt überwiegend Fachausdrücke.

Antwort:

„Bitte erklären Sie mir den Begriff."

„Was verstehen Sie unter …?"

„Als Fachmann muss es für Sie doch möglich sein, deutsche Worte zu verwenden und das ganz einfach darzulegen?"

Die Verwirrungstaktik

Der Gesprächspartner legt in Ihre Aussagen etwas ganz anderes, als Sie gemeint haben. Er zieht daraus solche Schlussfolgerungen, die Ihre Ansichten und Darlegungen widerlegen.

Antwort:

„Ich wiederhole meine Aussage nochmals, damit so genau deutlich wird, was meine Meinung ist."

Die Verschiebungstaktik

Der Gesprächspartner will zu einem Problem noch nicht Stellung nehmen. Er will Zeit gewinnen oder durch Rückfragen mehr Stoff erfahren, der seinen später darzulegenden Standpunkt unterstreicht.

Antwort:

„Eben Ihre Meinung ist sehr erforderlich, um in der Sache weiterzukommen."

Die Schweigetaktik

Der Gesprächspartner hört unbewegt zu, ohne sich selbst zu äußern. Dann lehnt er Sie und Ihre Ansicht mit wenigen Sätzen ab.

Antwort:

„Welche Meinung haben Sie als Fachmann dazu?"

Die Verunsicherungstaktik

Der Gesprächspartner schaut Sie kritisch an und bringt durch Mimik und Gestik seine Missbilligung Ihnen gegenüber zum Ausdruck. Wenn Sie genauso grimmig zurückschauen, dann zeigen Sie, dass die Taktik der Gegenseite Erfolg hat. Lächeln Sie. Nochmals, lächeln Sie. So zeigen Sie durch Ihre freundliche Standhaftigkeit Überlegenheit und demonstrieren, dass die Technik des Gegenübers nicht wirkt.

Antwort:

„Welche Meinung haben Sie zu der Sache, die ich gerade erläutert habe?"

Die Gegenfragetaktik

Mit einer Gegenfrage versucht Ihr Kontrahent, von Ihrer Frage abzulenken, um eigene Schwachstellen zu vertuschen und davon abzulenken. Oder er versucht, Sie in die Defensive zu bringen.

Antwort:

„Bitte beantworten Sie zuerst meine Frage."

„Meine klare Frage lautete ..."

„Das ist eine Frage, die ich nach Beantwortung meiner Frage beantworten kann, wenn es dann noch erforderlich ist. Meine Frage lautete ..."

Wirkungsvoll: Über Taktik sprechen

Es gibt zwei Möglichkeiten, sich in Auseinandersetzungen zu wehren:

- Sie reagieren mit Gegentaktiken.

- Sie sprechen die erkannte Taktik des Gegners offen an.

Mit der ersten Möglichkeit haben wir uns im vorangegangenen Abschnitt beschäftigt. Hier widmen wir uns der zweiten Art des Vorgehens. Diese Taktik ist sehr wirksam.

Beispiel:

„Herr XY, Sie versuchen mit der Taktik der Ablenkung und der Taktik der Angriffe, Verunsicherung zu erreichen. Ich schlage vor, dass wir ohne die Taktik weitermachen und so zu einem befriedigenden Ergebnis für beide Seiten gelangen."

Praxis-Tipp:

Wenn Sie die Taktik Ihres Gesprächspartners erkannt haben, sprechen Sie diese an. Stellen Sie aber nicht die Integrität Ihres Gesprächspartners infrage.

Wichtig: Ihre Abwehr bezieht sich allein auf die Taktik des Gesprächspartners, aber nicht auf seine Person. So trennen Sie deutlich zwischen der Sache (dem Vorgehen des anderen) und seiner Person.

Legen Sie offen, wie mit Ihnen geredet wird. Weisen Sie darauf hin, dass auf diese Art kein sachgerechtes Vorgehen möglich ist. Gehen Sie also nicht auf den Inhalt des Vorwurfs ein, sondern beschreiben Sie allein sein unsachliches Verhalten. So isolieren Sie den Angreifer auch innerhalb der Gruppe, denn er macht durch seine einseitige Aktion auch den Erfolg der Gruppe unmöglich.

Diese Taktik können Sie auch bei Verhandlungen einsetzen. Nehmen wir einmal an, man versucht, Sie bei einer Verhandlung durch häufige Pausen unter Zeitdruck zu setzen. Sie sprechen diese Taktik an.

„Ich gewinne den Eindruck, dass hier ein taktisches Spiel veranstaltet wird. Was schlagen Sie vor, um das zu ändern?"

Die Verhandlung wird sich danach sicher zu Ihren Gunsten weiterentwickeln.

Checkliste: Bei Diskussionen richtig verhalten

- Die Fragetechnik (offene Fragen, W-Fragen) ist das wichtigste Instrument bei jedem Gespräch, auch bei Auseinandersetzungen und Diskussionen.

- Reden Sie weniger in Aussagen, fragen Sie mehr.

- Mit der Frageführung reduzieren Sie Konflikte und lösen Denkprozesse beim anderen aus.

- Die häufigsten Fehler der Fragetechnik sind:

  Sich die eigene Frage selbst zu beantworten

  Zu einer Frage Antwortmöglichkeiten zu nennen

  Mehrere Fragen hintereinander zu stellen

- Wehren Sie sich gegen Alternativfragen, indem Sie beide Alternativen ablehnen: „Es gibt noch andere Möglichkeiten."

- Wehren Sie Suggestivfragen ab, zum Beispiel: „Sind Sie nicht auch der Ansicht, dass auf Suggestivfragen nicht geantwortet werden sollte, da sie manipulieren?"

noch: Checkliste: Bei Diskussionen richtig verhalten

■ Antworten Sie auf eine Fangfrage: „Was ist der Hintergrund Ihrer Frage?"

■ Seien Sie auf der Hut, wenn Ihnen mit Motivationsfragen geschmeichelt wird.

■ Bringen Sie den Gesprächspartner dazu, selbst eine Definition zu bringen.

■ Lassen Sie sich mit provozierenden Fragen nicht aus dem Gleichgewicht bringen: „Ich lasse mich nicht provozieren."

■ Sie wehren unterbrechende Fragen ab, indem Sie entgegnen: „Ich mache dort weiter, wo Sie mich unterbrochen haben."

■ Sie wehren unangenehme Fragen ab: „Sie haben die Frage X gestellt. Die wichtigste Frage ist doch die nach Y, und zwar …"

■ Verbinden Sie eine kurze Aussage mit einer Frage. Das wirkt noch stärker als eine Gegenfrage allein.

■ Mit Sprachpausen veranlassen Sie den anderen zum Reden. Sie werden selbst nicht das Opfer der Pausentechnik, wenn Sie in der Pause nicht unkontrolliert reden, sondern selbst eine Frage stellen.

■ Sie zeigen dann Schlagfertigkeit und befreien sich aus Defensivsituationen, wenn Sie kritische und nichtwertende Fragen stellen, wie: „Aufgrund welcher Tatsachen sind Sie zu der Ansicht gelangt?" Oder: „Jede Medaille hat zwei Seiten. Die eine haben Sie beschrieben, wie sieht die andere aus?"

■ Legen Sie die unfaire Taktik Ihres Gesprächspartners offen dar, ohne ihn selbst anzugreifen.

■ Reden Sie über die Art, wie der Gesprächspartner mit Ihnen redet.

Konfliktlösung: Was gehört dazu?

6

Schlagfertigkeit: Immer ein Erfolgsrezept?

Vielleicht haben Sie sich mit einer schlagfertigen Antwort geschickt im Gespräch behauptet. Sie haben dabei sogar den Beifall der Kollegen geerntet, weil diese sich darüber köstlich amüsierten. Ihr Selbstwertgefühl ist gestärkt, und Sie fühlen sich wohl.

Wer so manches Buch über Schlagfertigkeit liest, hat den Eindruck, dass nach der schlagfertigen Antwort Ihr Gegenüber von der Bildfläche verschwindet. Die Realität sieht aber ganz anders aus. Sehr oft haben Sie mit dem Gesprächspartner weiter zu tun. Ihr Kontrahent setzt seine Angriffe weiter fort. Er hat sein Verhalten trotz Ihrer schlagfertigen Antwort nicht verändert.

Wie geht es weiter? Stellen Sie sich der Auseinandersetzung mit weiteren schlagfertigen Antworten? Versuchen Sie, das Gespräch auf eine sachliche Ebene zu bringen? Bemühen Sie sich, den verborgenen Konflikt zu klären? Alles ist möglich und auch realistisch.

Praxis-Tipp:

Was Sie auch immer in einer Situation tun: Es sollte Ihre Souveränität bewahren und sowohl Ihren als auch den Interessen des anderen dienen. (Also ein win-win-Ergebnis für beide Seiten schaffen!)

Schlagfertigkeit wenden Sie immer an, um sich zu verteidigen. Mit Schlagfertigkeit schützen Sie sich, wenn Ihre Souveränität bedroht ist. Sie dürfen nicht zulassen, dass jemand Ihr Selbstwertgefühl beschädigt und Sie zu seinem Vorteil ausnutzen will.

Wichtig: Mit Schlagfertigkeit demonstrieren Sie Selbstverteidigung und behaupten sich in Gesprächen und Diskussionen.

Zurück zur Vorgehensweise

Nun bleibt aber immer noch die Frage offen: Wann und wie gehen Sie von der harten oder weichen Schlagfertigkeit zu einer versöhnlichen Gesprächsebene oder gar zu Klärung des Konfliktes über, und wie bewirken Sie dies?

Natürlich ist es immer das Beste, einen Konflikt frühzeitig zu erkennen. Befindet er sich noch im Prozess des Entstehens, ist es noch leichter, ihn aufzulösen. Doch das ist nicht immer möglich. Weiche und harte Schlagfertigkeitstechniken sind auch dann weiterhin erforderlich.

Üben, üben, üben …

Sie werden einen Konflikt nur dann klären können, wenn der Konfliktpartner dazu auch bereit ist. Sie selbst müssen aber dafür auch zwei Voraussetzungen erfüllen.

- Sie sollten neben den Schlagfertigkeitstechniken auch andere Techniken zur Konfliktklärung kennen.

- Sie sollten auch die Fähigkeit entwickeln, je nach Situation die richtigen Techniken der Schlagfertigkeit oder der Konfliktlösung anzuwenden.

Flexibilität, nicht die Fixierung auf ein Verhalten allein, ist gefordert. Das bereitet nicht nur Menschen, sondern auch Tieren Schwierigkeiten. Ohne Lernprozesse geht es nicht.

Praxis-Tipp:

Die Bereitschaft zum Experimentieren spielt eine große Rolle. Nur wenn Sie gelegentlich wieder etwas ausprobieren, entwickeln Sie Flexibilität.

Konfliktlösung: Was gehört dazu?

Ein Beispiel aus dem Tierreich

Ich hatte eine Schäferhündin, die ein Alter von zwölf Jahren erreichte. Sie hieß Wanja. Bereits beim geringsten Anlass fühlte sie sich so stark bedroht, dass sie ein Angriffsverhalten gegenüber anderen Hunden und Menschen zeigte. Wanja hatte ein sehr bedrohliches Bild von der Wirklichkeit. Sie erkannte es nicht, wenn ein anderer Hund sich ihr freundlich nähern wollte. Selbst meiner geduldigen und sanften Einwirkung gelang es nicht, auf ihr Verhalten Einfluss zu nehmen.

Nachfolger der Schäferhündin Wanja wurde der Riesenschnauzerrüde Nanuk. Er ist das ganze Gegenteil der Schäferhündin. Für ihn waren in den ersten beiden Lebensjahren alle anderen Hunde und Menschen „Freunde", mit denen er spielen wollte. Mehr als zwei Jahre hat es gedauert, bis sich sein Wirklichkeitsbild differenzierte und er begriff, dass es auch solche Hunde gibt, die aggressiv sind und ihn im wahrsten Sinne des Wortes ans Fell wollen. Um solche Hunde macht er jetzt einen Bogen. Manchmal bellt er zurück, wenn er angebellt wird. Begegnet er dagegen kleinen Hunden, die vor ihm, dem großen Rüden, Angst haben, dann legt er sich auf den Boden, um sich kleiner zu machen. So versucht er, ihnen die Angst zu nehmen. Spielen beide Hunde miteinander und bekommt sein Spielgefährte Angst, dann macht er sich schnell wieder klein. Nanuk ist nun fähig, Unterschiede zu erkennen und sein Verhalten auf einzelne Situationen einzustellen. Er zeigt sich freundlich und umgänglich, desinteressiert oder auch aggressiv.

Wie vorgehen?

Zurück zu Ihnen. Sie haben immer drei Möglichkeiten, um einen drohenden Konflikt abzuwehren oder zu bewältigen:

- Schlagfertig reagieren
- Eine Konfliktlösung anstreben
- Nichts tun

Konfliktlösungen werden nicht immer möglich sein. Dann schützen Sie Ihre Interessen durch Schlagfertigkeit und erfolgreiche Selbstbehauptung.

Wenn Sie zum Beispiel auf einen Angriff nicht reagieren, dann handeln Sie nach der dritten Möglichkeit. Sie weichen einer Aggression aus, obwohl Sie schlagfertig reagieren könnten. Sie setzen Ihr schlagfertiges Verhalten bewusst nicht ein und versuchen, die Situation durch Ihr freundliches Verhalten zu entschärfen. Vielleicht bringen Sie einen Mitmenschen so dazu, Ihnen in Zukunft freundlich gesonnen zu sein. Dann haben Sie eventuell sogar den Anfang zu einer Freundschaft gesetzt. Haben Sie sich geirrt, dann können Sie immer noch schlagfertig reagieren.

Wichtig: Sie beherrschen die Schlagfertigkeit erst dann, wenn Sie darauf auch gelegentlich verzichten können.

Auf Kommunikationsregeln einigen

Wenn es sich um etwas Wichtiges handelt, dann sind Frotzeleien und Sprüche nicht angebracht. Das ist zum Beispiel der Fall, wenn Sie jemand massiv angreift oder Ihnen schwere Vorwürfe macht. Findet das Ganze auch noch vor Publikum statt, so ist eine witzige Replik wenig angebracht. Wenden Sie in diesem Fall die bereits erwähnte „Klartext"-Technik an. Wenn Ihnen eine Frotzelei doppelbödig erscheint, dann steigen Sie aus einem solchen Gespräch aus und reden Sie ebenfalls Klartext. Leiten Sie aber dann zur Konfliktklärung über.

> **Praxis-Tipp:**
> Bringen Sie Spielregeln ins Gespräch, und leiten Sie von einem Angriff zur Konfliktlösung über.

Konfliktlösung: Was gehört dazu?

Droht das Gespräch abzugleiten, dann bringen Sie ebenfalls Spielregeln in die Kommunikation. So steuern Sie das Gespräch in eine positive Richtung und setzen den Anfang für eine Konfliktlösung.

Beispiel:

Angriff: „Durch die Oberflächlichkeit hast du mir wieder geschadet."

Antwort: „Können wir uns darauf einigen, die Angelegenheit sachlich zu besprechen?"

Angriff: „Ich weiß ja, von dir kann ich nichts Besseres erwarten."

Antwort: „Einigen wir uns darauf, dieses Thema ohne Angriffe zu besprechen?"

Angriff: „Ihr Verhalten macht mich rasend."

Antwort: „Ich schlage vor, Sie sagen mir genau, was Sie stört, und wir klären den Konflikt."

Angriff: „Sie reden immer dazwischen."

Antwort: „Einigen wir uns darauf, dass jeder jeden in Ruhe ausreden lässt."

Angriff: „Das Gespräch dreht sich im Kreis."

Antwort: „Ich schlage vor, Sie lassen mich erst ausreden, und Sie hören zu. Fällt Ihnen dabei etwas ein, das Sie mir sagen wollen, dann notieren Sie sich ein Stichwort. So vergessen Sie Ihre Gedanken nicht."

Klartext zu reden und Regeln für die Kommunikation aufzustellen sind zwei wichtige Instrumente, um Konfliktlösungen einzuleiten. Bevor wir jedoch tiefer in die Klärung von Konflikten eindringen, müssen wir uns damit beschäftigen, was die Klärung von Konflikten erschwert. Denn nur so können häufige Fehler vermieden werden.

Was Konfliktlösungen erschwert

Zwei Menschen oder Parteien sehen ein Problem von ganz verschiedenen Seiten. Jeder glaubt, die einzig richtige und wahre Sichtweise zu haben. Nun versucht die eine Seite, die andere zu überzeugen. Wegen der „Uneinsichtigkeit" der anderen Seite wird der Ton zwischen den Parteien gereizter.

Praxis-Tipp:

Es gibt keine absolute Wahrheit. Es gibt immer nur verschiedene Sichtweisen.

Eine Schwierigkeit bei der Konfliktbewältigung ist, frühzeitig zu erkennen, wann eine Auseinandersetzung droht. Ist es dann schließlich zu einem Konflikt gekommen, werden immer die gleichen Verhaltensmuster deutlich. Kennzeichen jeden Konflikts sind:

- Jede der Parteien hat eine andere Auffassung, was die „richtige" Meinung oder der „wahre" Sachverhalt ist.

- Jede Partei hat eine andere Meinung davon, wer den Konflikt ausgelöst hat oder wer sich falsch verhalten hat.

- Jede Partei hat andere Vorstellungen davon, wie der Konflikt gelöst werden soll: „Erst wenn … dann"

Menschen tendieren dazu, Recht behalten zu wollen. Beide Konfliktgegner filtern nur die Informationen heraus, die die vorgefasste Meinung bestätigen. Was nicht reinpasst, wird nicht wahrgenommen oder verdrängt.

Psychologen sprechen von Wahrnehmungsverzerrungen, weil wir das aus der Fülle der Informationen heraussuchen, was unsere bisherige Meinung bestätigt. Wir bewerten immer extrem („Der hat ja keine Ahnung", oder: „Der spinnt").

Achtung: Wenn Sie einzig auf Ihrer Sicht beharren, dann werden Sie einen Konflikt nicht lösen können.

Erfolgreiche Konfliktbewältigung: Notwendige Voraussetzungen

Sie wissen: Bei jedem Konflikt haben Menschen unterschiedliche Wahrnehmungen davon, was richtig und was falsch ist. Kein Konflikt lässt sich dadurch lösen, dass alle Tatsachen ermittelt und Beweise zusammengetragen werden, auf deren Grundlage eine Entscheidung erfolgt.

Wenn Sie mit dem Gegner Frieden schließen wollen, dann sollten Sie folgende Bereitschaft entwickeln:

- Trennen Sie sich von der Illusion, mit logischen und schlüssigen Argumenten immer zu überzeugen.

- Seien Sie zu Zugeständnissen bereit und lösen Sie sich von der „Alles- oder-Nichts"-Haltung.

- Erkennen Sie die Möglichkeit, dass Sie sich geirrt haben könnten.

- Greifen Sie nicht auf Angriffe aus der Vergangenheit zurück.

Wichtige Fähigkeiten zur Konfliktlösung

Wenn Sie einen Konflikt erfolgreich lösen wollen, müssen Sie sich in das Denken und Fühlen des Gesprächspartners hineinversetzen und versuchen, ihn zu verstehen. Dabei ist es auch wichtig, die eigenen Motive und Gefühle zu erkennen.

Damit Sie nicht wegen eines kurzen Triumphes Ihren langfristigen Zielen schaden, müssen Sie die eigene Emotion unter Kontrolle haben. Sie bringen zum Ausdruck: Sie verstehen den Standpunkt des anderen und suchen nach einer Lösung, die Sie beide befriedigt.

In Auseinandersetzungen richtig verhalten

Wenn Sie im Konfliktfall die Ruhe verlieren, dann schaden Sie sich. Bleiben Sie also „cool". Das liest sich leichter, als es getan ist. Manchmal ist es sogar förderlich, wenn Sie Ihre Selbstbeherrschung verlieren. Doch im Regelfall gilt dies nicht. Damit Sie in Konfliktsituationen den Überblick nicht verlieren und die Auseinandersetzung zu einem versöhnlichen Ende bringen können, sollten Sie die folgenden Hinweise überdenken.

Nützliche Verhaltenstipps

- Greifen Sie nicht die Würde des Konfliktpartners an!

Halten Sie dem anderen nicht seine Dummheiten und Fehler vor. Beleidigen Sie den Gesprächspartner nicht. Werden Sie nicht zynisch.

- Zeigen Sie Selbstachtung!

Brechen Sie das Gespräch ab, wenn Sie beleidigt werden oder der Konfliktpartner die Selbstbeherrschung verliert. Wehren Sie sich, wenn zurückliegende Probleme wieder ins Gespräch gebracht werden.

- Hören Sie dem Konfliktpartner aufmerksam zu!

Versetzen Sie sich in seine Lage. Nur wenn Sie den anderen verstehen, ist eine gute Kommunikation möglich. Ohne gute Kommunikation gibt es keine friedliche Konfliktlösung. Verstehen Sie das Denken und die Gefühle des anderen. Bringen Sie den anderen durch Fragen zum Reden. Sagen Sie ihm, dass Sie ihn weder verachten noch vernichten wollen. Spiegeln Sie sachlich und emotional.

- Vertreten Sie Ihren Standpunkt!

Verfolgen Sie Ihre Ziele. Begehen Sie nicht den Fehler, bei Kleinigkeiten zu siegen, aber eine Niederlage beim großen Ziel zu erleiden. Streiten Sie nicht um Prinzipien. Halten Sie das Ergebnis von Konfliktlösungen schriftlich fest. Und überprüfen Sie, ob die Regelung zum gewünschten Erfolg führt.

- Versuchen Sie nicht den anderen zu ändern!

Weisen Sie dem Konfliktpartner nicht seine Fehler in der Logik nach. Sie kommen mit einem Menschen besser aus, wenn Sie ihn so akzeptieren, wie er ist, anstatt ihn ändern zu wollen. Denken Sie an Ihre eigenen Fehler, dann fällt ein geschicktes Verhalten leichter.

Offene Aussprachen

Aussprachen in Konfliktsituationen werden zwar meistens mit dem Willen begonnen, friedlich miteinander zu reden. Bald wiederholt jedoch jede Seite nur noch den eigenen Standpunkt.

Anstatt einen Dialog zu führen, verbeißt sich jede Seite nur in die eigenen Argumente. Jeder ist der Ansicht, die Gegenseite begreife nicht, was man sagt. Bald erfolgen Angriffe, und im Nu ist der größte Streit im Gange. Was ist also zu tun, um eine Eskalation zu vermeiden?

So vermeiden Sie eine Eskalation des Konflikts

Wenn Sie in eine offene Auseinandersetzung geraten sind, sollten Sie unbedingt versuchen, eine Eskalation des Konflikts zu vermeiden. Damit dies gelingt, sind verschiedene Aspekte zu beachten.

Die richtige Einstellung

Gehen Sie mit der festen Absicht zum Gespräch, selbst nichts zu einer Eskalation beizutragen.

Den anderen anhören

Lassen Sie den anderen die Angelegenheit aus seiner Sicht darstellen. Bringen Sie zunächst Ihre Argumente noch nicht ins Gespräch. Stellen Sie nur Fragen, damit der Konfliktpartner seinen Standpunkt darlegen kann. Solche Fragen wären zum Beispiel:

- „Erläutern Sie mir das bitte näher."

- „Aufgrund welcher Tatsachen sind Sie zu der Ansicht gelangt?"

- „Woher wissen Sie das?"

Mit Ihren Fragen erfahren Sie alles, was der andere zum Thema sagen möchte, und lernen seine Sicht kennen. Mit Ihrem Zuhören zeigen Sie Aufgeschlossenheit. Der Konfliktpartner steht nicht unter dem Zwang, um seine Redezeit kämpfen zu müssen. So werden Aggressionen vermieden, der Gegner kann Dampf ablassen, er wird zugänglicher, weil er in Ruhe ausreden kann.

Konfliktlösung: Was gehört dazu?

Entscheidend hierbei ist: Der Konfliktpartner kann in Ruhe ausreden, ohne von Ihnen Zustimmung oder Ablehnung zu spüren. Sie bleiben bei seinen Ausführungen neutral und zeigen auch keine ablehnende Körpersprache, wie ablehnende Handgesten oder ein Kopfschütteln.

Den eigenen Standpunkt schildern

Äußern Sie Ihre Wünsche. Schildern Sie Ihre Sichtweise und vermeiden Sie, diese als unumstößlich richtig darzustellen.

Sie erreichen das mit Ich-Botschaften, wie zum Beispiel:

- „Ich sehe die Sache so …"

- „Ich habe dabei folgendes Gefühl …"

- „Ich schlage vor …"

Achtung: Sie heizen den Konflikt nur an, wenn Sie vielleicht wie folgt argumentieren:

- „Die Tatsachen zeigen doch …"

- „Erwiesen ist …"

- „Ich sage, was Sache ist …"

- „Da irren Sie sich gewaltig."

- „Das ist nicht richtig, was Sie sagen."

Überlegen Sie sich vorher, welche Wünsche Sie äußern und welcher Kompromiss für Sie akzeptierbar ist.

Aktiv zuhören

Hören Sie dem anderen zu und quatschen Sie ihn nicht voll. Um richtig zuzuhören, dürfen Sie nicht abschalten und sich nicht bei den Ausführungen der anderen Seite Ihre Gegenargumente zurechtlegen. Lassen Sie auch eine kurze Pause entstehen, wenn der Gesprächspartner zu Ende gesprochen hat. Sie benötigen die Pause auch, um selbst zu überlegen.

Viele Menschen reden in Konfliktsituationen ohne Unterbrechung. Doch die wenigsten Menschen behalten mehr als sechs Sätze. Beschränken Sie deshalb Ihre Aussagen auf drei bis maximal sechs Sätze.

Tendieren Sie zu langen Monologen, dann trainieren Sie sich das ab. In drei Sätzen können Sie mehr Substanz bringen als ein anderer, der 15 Minuten redet.

Rechtzeitig abbrechen

Brechen Sie das Gespräch ab, wenn Sie spüren, die Gefühle würden mit Ihnen durchgehen. Es ist besser, ein Gespräch abzubrechen, als sich zu Gefühlsausbrüchen hinreißen zu lassen.

Sagen Sie dem Partner: „Es fällt mir schwer, nun ruhig zu bleiben." Beschuldigen Sie ihn aber nicht. Brechen Sie einfach das Gespräch ab. Ganz gleich, was der andere sagt, lassen Sie sich nicht zu weiteren Äußerungen hinreißen. Mit dieser Strategie erreichen Sie, dass weitere Gespräche möglich werden.

Nicht provozieren lassen

Lassen Sie sich provozieren, dann haben Sie fast immer verloren. Nur wenn Ihnen Ihre eigenen Aktionen nicht entgleiten, dann haben Sie Erfolg.

Checkliste: Konflikte lösen

- Sie haben immer drei Möglichkeiten: Schlagfertig zu reagieren, nichts zu tun oder eine Konfliktklärung anzustreben.

- Sie leiten von einem schweren Vorwurf oder einer doppelbödigen Frotzelei zur Konfliktklärung über, wenn Sie Spielregeln in die Kommunikation einbringen.

- Es gibt keine absolute Wahrheit. Es gibt immer nur verschiedene Sichtweisen. Jede Partei hat eine andere Auffassung über die richtige Sichtweise.

- Trennen Sie sich von der Illusion, immer mit logischen und schlüssigen Argumenten überzeugen zu können.

- Seien Sie zu Zugeständnissen bereit. Lösen Sie sich von der „Alles- oder-Nichts"-Haltung.

- Sie verhalten sich bei einem Konflikt erfolgsgerecht, wenn Sie: 1. Nicht die Würde des anderen angreifen, 2. Selbstachtung zeigen, 3. den Konfliktpartner zu verstehen versuchen und sich in seine Lage versetzen und 4. Ihren eigenen Standpunkt vertreten, Ihre Ziele verfolgen und das Ergebnis der Konfliktlösung schriftlich festhalten.

- Sie verhalten sich geschickt in der Kommunikation der Konfliktlösung, wenn Sie den anderen den Konflikt aus seiner Sicht schildern lassen und viele Fragen dazu stellen, ohne Zustimmung oder Ablehnung zu zeigen.

- Sie überlegen sich vor dem Gespräch, welche Wünsche Sie äußern und wie Sie Ihren Standpunkt begründen. Beschränken Sie Ihre Aussagen stets auf jeweils drei bis sechs Aussagen.

- Brechen Sie das Gespräch ab, bevor Sie sich zu Gefühlsausbrüchen hinreißen lassen. Tun Sie das ebenso, wenn der Gesprächspartner überreagiert. Das Gespräch wird zu einem anderen Zeitpunkt fortgesetzt.

So trainieren Sie Ihre Schlagfertigkeit

7

Vergrößern Sie Ihren Wortschatz!

Schlagfertigkeit ist immer ein Spiel mit Worten. Je größer Ihr aktiver Wortschatz ist, den Sie auch im Gespräch bringen, desto schlagfertiger können Sie antworten. Hier einige Trainingsvorschläge, die Ihnen helfen, Ihre sprachliche Flexibilität zu steigern.

Legen Sie eine Kartei mit guten Formulierungen an

Schreiben Sie auf jede Karteikarte eine Formulierung, die Ihnen gefällt. Da sich die Bedeutung eines Wortes immer erst aus dem Zusammenhang ergibt, notieren Sie ganze Sätze. Sprechen Sie die Sätze auf eine Kassette und hören Sie sich die Kassette häufig an. Das kann zum Beispiel sein, wenn Sie mit dem Auto unterwegs sind, oder bei anderer Gelegenheit. So werden Redewendungen und Worte automatisch zum Bestandteil Ihres aktiven Wortschatzes.

Ersetzen Sie Verben durch andere Verben

Nehmen Sie sich ein Buch oder einen Zeitungsartikel zur Hand und tauschen Sie darin Verben durch andere Verben aus, ohne den gesamten Inhalt zu verändern.

Beispiel:

- Als das Telefon läutete, nahm ich den Hörer ab.
  Als das Telefon schrillte, hob ich den Hörer ab.

- Die untergehende Sonne beeindruckte mich.
  Die untergehende Sonne faszinierte mich.

Ergänzen Sie jedes Substantiv durch ein Adjektiv, jedes Verb durch ein Adverb

Diese Übung trainiert Ihre Fähigkeit, in Bildern zu sprechen und so Ihr Anliegen anschaulicher zu formulieren.

Beispiel:

Der Anblick der Wüste löste Freude aus.

Der faszinierende Anblick der weiten Wüste löste allmählich eine tiefe Freude aus.

Praxis-Tipp:

Erweitern Sie Ihren Wortschatz, vermögen Sie facettenreicher und nuancierter zu formulieren.

Assoziieren und schnelles Denken trainieren

Schlagfertigkeit auf hohem Niveau zeichnet sich durch Kreativität aus. Hierbei spielt die Fähigkeit des assoziativen Denkens eine große Rolle.

Sie denken dann assoziativ, wenn Sie Vorstellungen miteinander verknüpfen bzw. zu einem Stichwort Einfälle haben, die mit dem Stichwort in Beziehung stehen. Es gibt verschiedene Möglichkeiten, Ihr assoziatives Denken zu verbessern.

Assoziationsübung mit Begriffen

Wählen Sie irgendein Substantiv aus und entwickeln Sie dazu Assoziationen.

So trainieren Sie Ihre Schlagfertigkeit

Beispiel:

Wüste: Weite, gelber Boden, Kamele, Hitze, Ruhe, Leere, Einsamkeit, Oase, wandern …

Buch: Papier, Bilder, Umschlag, Buchbesprechung, Titel, Inhaltsverzeichnis …

Assoziationsketten bilden

Sie wählen zwei beliebige Wörter aus. Bilden Sie zwischen den beiden Worten eine solche Assoziationskette, dass sich die Begriffe vom ersten Begriff entfernen und dem zweiten nähern.

Stellen Sie also eine Assoziationsbrücke her.

Beispiel:

Haus soll zum Hund führen.

Haus – Steine – Räume – Dach – Balken – Holz – Bretter – Hütte – Hundehütte – Hund

Phantasie anregen

Schauen Sie zum Himmel und versuchen Sie, in der Gestalt von Wolken Bilder zu entdecken. Vielleicht erkennen Sie darin die Gestalt eines Bären oder eines anderen Tieres, eine Märchengestalt oder ein Bauwerk.

Denkgeschwindigkeit erhöhen

Um schlagfertig zu sein, müssen Sie die Worte auch schnell verfügbar haben, um schnell reagieren zu können.

Sie üben schnelles Denken, wenn Sie versuchen, die dargelegten Übungen immer schneller durchzuführen.

Messen Sie die Zeit, die Sie zum Beispiel brauchen, um eine Assoziationskette zu bilden.

Ein weiteres Training zur Erhöhung der Schnelligkeit Ihres Denkens besteht darin: Bemühen Sie sich darum, schneller zu lesen und schneller zu sprechen. Nach einiger Zeit erhöht sich die Geschwindigkeit Ihres Lesens und Sprechens und damit auch Ihre Denkgeschwindigkeit.

> **Praxis-Tipp:**
> Schöpfen Sie also Ihre Möglichkeiten durch ständiges Training aus.

Witzbücher steigern Ihre Flexibilität

Lesen Sie Bücher mit Witzen. Das steigert Ihre Fähigkeit, neue Perspektiven von Situationen zu entdecken. Dazu ein Beispiel: „Angeklagter, Sie haben Ihrem Nachbarn also eine Posaune gestohlen? Wo Sie doch gar nicht Posaune spielen können." „Gewiss, Herr Richter. Aber bedenken Sie doch, mein Nachbar kann es auch nicht."

Jedesmal, wenn Sie einen Witz verstehen und lachen, haben Sie einen nicht offenkundigen Aspekt einer Realität oder Situation wahrgenommen. Wenn Sie versuchen, in Ihren Alltagssituationen Ähnlichkeiten zu den Ihnen bekannten Witzen zu entdecken, dann erweitern Sie automatisch die Bandbreite von Perspektiven, die Sie in Situationen wahrnehmen. Diese vermögen Sie dann geschickt ins Spiel zu bringen. Vielleicht verhalten Sie sich dann auch einmal ähnlich wie Emil im folgenden Witz: Emil kommt ins Rathaus. Er klopft höflich an die Tür eines Sachbearbeiters. Keine Antwort. Emil klopft noch einmal an und tritt ein. „Guten Morgen", grüßt er. Keine Antwort. „Soll sehr ungesund sein", sagt Emil und deutet zum Fenster. „Was?", fragt der Beamte am Schreibtisch. „Blumen im Schlafzimmer."

Am besten: Kurz und knapp formulieren

Gute schlagfertige Antworten haben keine überflüssigen Worte. Je knapper sie ausfallen, desto besser wirken sie. Entwickeln Sie also den Mut, Unwesentliches fortzulassen. Denken Sie daran: Viele Menschen haben erhebliche Schwierigkeiten, Sätze mit mehr als 13 Worten zu verstehen. Wenn Sie also lange Sätze verwenden, wird man Sie nicht verstehen. Hier noch weitere Hinweise für Ihre Formulierungen:

- Vermeiden Sie Fachjargon.

- Verwenden Sie anschauliche Bilder.

- Vermeiden Sie Passivkonstruktionen.

- Volkstümliche Ausdrücke kommen besser an, als wenn Sie hochgestochenes Schriftdeutsch verwenden.

Praxis-Tipp:

Drücken Sie sich kurz aus, dann trainieren Sie auch Ihre Denkfähigkeit, da Sie sich auf das Wesentliche beschränken und unnützes und ablenkendes Beiwerk fortlassen.

Wann passt welche Technik?

Damit Sie in jeder Situation schlagfertig reagieren können, müssen Sie wissen, welche Techniken in den einzelnen Gesprächslagen am besten wirken.

Weiche Auseinandersetzungen

Wenn Sie nicht zu stark Kontra geben wollen und anschließend nicht in eine Auseinandersetzung verwickelt sein möchten, dann eignen sich dafür zum Beispiel folgende Techniken:

- Ein Kompliment machen.

- Ein Sprichwort bringen, das nicht passt.

- Die Methode des übertriebenen Zustimmens anwenden.

- Die Verhörtechnik einsetzen.

Bei Verhandlungen oder Gesprächen

Sind Sie in einem wichtigen Gespräch oder in einer Verhandlung, dann bieten sich dafür zum Beispiel folgende Techniken an:

- Gegenfragen stellen.

- Spiegeln.

- Den Angriff umformulieren.

- Klartext reden.

- Kommunikationsregeln aufstellen.

So wehren Sie den Angriff ab und können leicht wieder zur Sachebene zurückkehren.

Harter Konter

Ist es jedoch angeraten, hart zu kontern, dann wenden Sie zum Beispiel folgende Techniken an:

- Kontern Sie mit einem Gegenangriff.

- Die „Besser als …"-Technik anwenden.

- Die Übersetzertechnik einsetzen.

- Die „Das ist Ihr Problem"-Technik verwenden.
- Die Distanzierungstechnik nutzen.

Standardantworten als Hilfestellung

Ihre sieben Favoriten

Suchen Sie sich sieben Standardantworten aus den einzelnen Kapiteln des Buches heraus und schreiben Sie diese auf dieser Seite auf. Lernen Sie sie auswendig. Dann können Sie bei jedem Angriff sofort etwas erwidern und werden durch den Angriff nicht blockiert. Notieren Sie die Standardsätze, die Ihnen zusagen:

1. ....

....

2. ....

....

3. ....

....

4. ....

....

5. ....

....

6. ....

....

7. ....

....

Beispiele für beliebte Standardantworten

Hier einige Antworten, für die sich ein Teilnehmer eines meiner Seminare entschieden hatte:

- Sie werden mit einem dummen Spruch konfrontiert.

   „Die Mütze weint dem Kopf nicht nach."
   „Was dich beißt, steckt meistens in deinen Kleidern."
   „Sprichwörter sind die Töchter der Erfahrung, sie gleichen den Oasen in der Wüste."

- Sie werden mit einem Schimpfwort bezeichnet. Sie sagen: „Angenehm, ..." (Sie nennen nun Ihren Namen.)

- Sie werden angegriffen.

   „Kennen Sie Herrn Schumacher? Nein? Sie wiederholen seine Sprüche."

   „Das ist allein Ihre Meinung."

   „Ich will das sachlich, also ohne Angriffe, besprechen. Einigen wir uns darauf?"

- Sie wurden zum zweiten Mal unterbrochen:

   „Sie haben mich bereits zum zweiten Male unterbrochen. Lassen Sie mich bitte ausreden."

- Jemand macht eine negative Bemerkung. Sie spiegeln Gefühle:

   „Sie sind ärgerlich."

- Sie werden unsachlich kritisiert.

   „Sie sagten ..., was meinen Sie mit ..." (Sie setzen das hässliche Wort ein, das gegen Sie verwendet wird.)

Übung: Angriffe parieren

Hier finden Sie eine Reihe von Verbalattacken, mit denen Sie üben. Die Angriffe sind aus verschiedenen Bereichen. Nehmen Sie nun die erste aus Ihren sieben favorisierten Standardantworten und beantworten Sie so alle Angriffe.

Dann wählen Sie zwei andere Standardantworten und beantworten jeden der Angriffe mit der einen oder der anderen Antwort, die Sie gewählt haben. Bereitet Ihnen das keine Schwierigkeiten mehr, dann beantworten Sie alle Angriffe mit einer der Standardantworten Nr. 4, 5, Nr. 6 und Nr. 7. Trainieren Sie, bis Ihnen die Antworten automatisch über die Lippen kommen.

Noch ein Hinweis: Führen Sie erst die obigen Übungen aus. Beginnen Sie noch nicht mit solchen Angriffen, mit denen Sie selbst attackiert wurden. Nur zu leicht werden Blockaden ausgelöst, wenn Sie sich an diese Situation erinnern. Das führt dann zu Hemmungen beim Lernprozess. Haben Sie mit den sieben Antworten geübt, dann wenden Sie sich den Attacken zu, mit denen Sie selbst konfrontiert wurden.

Die Angriffs- und Einwandkartei

Ein gutes Hilfsmittel zum Lernen ist auch die Angriffs- und Einwandkartei. Schreiben Sie auf Karteikarten alle Angriffe, Einwände und Provokationen, auf die Sie in Zukunft reagieren wollen. Notieren Sie solche Angriffe, die Sie schon einmal selbst erleben mussten, oder solche, die Sie bei anderen erlebt haben. Denn es spielt zum Beispiel eine Rolle, ob Ihr Gegenüber Ihr Chef oder jemand anderer ist. Schreiben Sie auf die Rückseite die Replik auf, die Ihnen einfällt. Ergänzen Sie die Replik durch andere Antworten, die Ihnen vielleicht später einfallen. Nehmen Sie die Kartei in regelmäßigen Abständen zur Hand und aktualisieren Sie sie. Selbst wenn Sie die Repliken beherrschen, nehmen Sie alle vier Wochen die Karteikarten zur Hand, um sich zu überprüfen, ob Sie noch fit sind.

Angriffe zum Üben

„Schalten Sie Ihr Hirn ein, bevor Sie sprechen."

„Sie haben den Zenit überschritten."

„Das Thema überfordert Sie wohl?"

„Ihr Vorschlag ist nicht realistisch."

„Sie sind inkompetent."

„Sie sind ein Aufschneider."

„Sie fragen aber dumm."

„Vor wenigen Wochen waren Sie noch anderer Meinung."

„Wenn der Chef dabei ist, bist du wie verwandelt."

„Weshalb sind Sie immer unfreundlich zu den Kollegen?"

„Sie sind nicht flexibel."

„Sie haben eine unmögliche Meinung."

„Seit Sie beim Seminar waren, ist es schwer, mit Ihnen auszukommen."

„Sie wirken ungepflegt."

„Bei Ihnen läuft einiges daneben."

„Das weiß doch jeder, nur Sie nicht."

„Sie essen sehr viel."

„Können Sie nicht sachlich bleiben?"

„Ich habe Sie älter geschätzt."

„Sie geben aber ganz schön an."

„Wann haben Sie Ihr letztes Buch gelesen?"

„Sie haben das Taktgefühl eines Vorschlaghammers."

„Ist der Schmuck echt?"

So trainieren Sie Ihre Schlagfertigkeit

noch: Angriffe zum Üben

„Das können Sie sich wohl nicht leisten?"

„Sie haben schon viele Falten."

„Sie haben aber zugenommen."

„Sie sind ein Großmaul."

„Sie sehen ganz schön mitgenommen aus."

„Sie haben mich missverstanden."

„Das ist ja Blödsinn, was Sie gesagt haben."

„Sie sind wohl überfordert?"

„Sie reagieren immer empfindlich."

„Welche negativen Eigenschaften haben Sie?"

„Es scheint so, als ob Ihnen die Arbeit keinen Spaß macht."

„Ihre Argumentation ist so nicht richtig."

„Sie haben in den vielen Jahren nichts dazugelernt."

„Von der Sache haben Sie keine Ahnung."

„Wie kann man sich nur so ungeschickt anstellen?"

„Auf welche Mitarbeiter können Sie am besten verzichten?"

„Was würden Sie heute anders machen?"

„Einen solch dummen Vorschlag hatte ich von Ihnen nicht erwartet."

„Sie sprechen ein schlechtes Deutsch."

„Sie sind nur die Telefonistin."

„Ihnen hat man wohl vergessen, die Rechtschreibung beizubringen."

„Haben Sie überhaupt einen Freund?"

„Ihre Abteilung bringt überhaupt nichts mehr zustande."

Training mit einem Aufnahmegerät

Sprechen Sie die Angriffe auf eine Kassette. Fügen Sie noch weitere hinzu, die Ihnen bekannt sind, und auch solche, mit denen Sie einmal konfrontiert wurden.

Lassen Sie nach jedem Angriff etwa fünf Sekunden Pause entstehen. Sie können nun die Angriffe nacheinander abspulen und darauf antworten. Oder Sie lassen das Band jeweils zu einer beliebigen Stelle der Aufnahme laufen, hören sich den jeweiligen Angriff an und antworten darauf.

Wichtig: Führen Sie diese Übung mindestens alle vier Wochen durch. Wiederholen Sie sie in kürzeren Abständen, wenn Ihre Schlagfertigkeit nachlässt.

Checkliste: Schlagfertigkeit trainieren

- Legen Sie sich eine Kartei mit guten Formulierungen zu. Trainieren Sie, Verben durch andere Verben zu ersetzen. Ergänzen Sie Substantive durch Adjektive und Verben durch Adverben.

- Trainieren Sie assoziierendes Denken. Üben Sie schnelles Denken durch schnelles Sprechen und schnelles Lesen.

- Lesen Sie Witzbücher. Entdecken Sie witzige Situationen im Alltag.

- Drücken Sie sich prägnant und kurz aus.

- Wählen Sie sieben Standardantworten aus dem Buch aus und notieren Sie diese. So verfügen Sie über ein Repertoire, auf das Sie immer zurückgreifen können.

- Üben Sie mit den Angriffen auf Seite 149 f.

- Steigern Sie Ihre Fähigkeiten und Ihren Erfolg durch Selbstbejahung und durch konsequente Übung.

Noch erfolgreicher durch Selbstbejahung

Sie entwickeln Mut, um – wenn erforderlich – gelegentlich frech zu antworten. Sie glauben daran, dass Sie sich in Gesprächen immer geschickter und schlagfertiger verhalten. Wie entwickeln Sie nun diesen Glauben? Wählen Sie sich einen Selbstbejahungstext aus. Hier ein Vorschlag:

„Ich glaube fest an mich. Ich glaube ganz fest an mich. Ich bewahre meine Souveränität und lasse mir nichts gefallen. Es gelingt mir immer besser, schlagfertig zu antworten. Ich bin schlagfertig in Rede und in Diskussion. Regelmäßig arbeite ich an der Verbesserung meiner Schlagfertigkeit. Es gelingt mir immer besser, schlagfertig zu sein."

Seit vielen Jahren haben Seminarteilnehmer mit solchen Bejahungstexten Erfolge erzielt. Es spielt keine Rolle, auf welches Gebiet sich der Text bezieht. Bejahungstexte können zum Beispiel zur Steigerung des Selbstbewusstseins, zur Steigerung des beruflichen Erfolgs, zur Erhöhung der sportlichen Leistung oder auch für jedes andere Gebiet genutzt werden. Seminarteilnehmer versicherten mir stets, dass bereits bei dreimaliger Anwendung am Tag schon nach zwei Wochen eine positive Veränderung eintrat.

Natürlich darf dabei nicht versäumt werden, auch etwas zur Verbesserung der Fähigkeiten zu tun.

Praxis-Tipp:

Weitere Techniken zur Steigerung Ihres Selbstbewusstseins entnehmen Sie bitte meinem Buch „Selbstbewusst!", ebenfalls erschienen im Walhalla Fachverlag.

Auf Ihrem Weg voran wünsche ich Ihnen viel Erfolg!

Prof. Dr. Heinz Ryborz

Literaturhinweise

Berckhan, Barbara: Die etwas intelligentere Art, sich gegen dumme Sprüche zu wehren. Kösel

Bredemeier, Karsten: Provokante Rhetorik. Orell Füssli

Fairhurst, Gail T./Sarr, Robert A.: Die Kunst, durch Sprache zu führen. Fit for Business

Fey, Gudrun: Redetraining als Persönlichkeitsbildung, Metropolitan

Fey, Heinrich: Zaubern mit Worten. Fit for Business

Lorenzoni, Brigitta/Bernhard, Wolfgang: Professional Politeness. Metropolitan

Maro, Fred: Du gehst mir auf den Geist. Fit for Business

Müller, Meike: Schlagfertig, verbale Angriffe gekonnt abwehren. Falken

Nölke, Matthias: Schlagfertigkeit. Haufe

Pink, Ruth: Kommunikation ist mehr als nur reden. Fit for Business

Pöhm, Matthias: Nicht auf den Mund gefallen. mvg

Ruede-Wissemann, Wolf: Satanische Verhandlungskunst. Langen, Müller, Herbig

Ryborz, Heinz: Die elegante Art zu überzeugen. Ariston

Ders.: Geschickte Selbstbehauptung. Fit for Business

Ders.: Herausforderung Angst. mvg

Ders.: Schnellkurs Führung. Fit for Business

Ders.: Selbstbewusst! Walhalla Fachverlag

Ders.: Training zum Erfolg. Fit for Business

Stoffel, Wolfgang: Geschickt fragen. Fit for Business

Wagner, Hardy: Der Weg zur Persönlichkeit. Metropolitan

Seminare von Prof. Dr. Heinz Ryborz

Wochenendseminare

Sie haben die Möglichkeit, an einem Wochenendseminar im heilklimatischen Kurort Reichshof-Eckenhagen teilzunehmen. Themen solcher Seminare sind Schlagfertigkeitstraining, Training zum Erfolg u.a.

In Verbindung mit dem Intensivtraining helfen Ihnen ein persönliches Gespräch und eine individuelle Beratung ganz besonders.

Firmenseminare

Prof. Dr. Heinz Ryborz führt seit vielen Jahren Beratungen, Personal Coaching und Seminare für Firmen durch. Seminarthemen sind zum Beispiel:

Mitarbeiterführung

Mitarbeiter führen und motivieren, Führungsautorität und Durchsetzungskraft

Verkauf

Verkaufstraining, Neukundengewinnung, Umgang mit Kunden, Kundenservice am Telefon

Gesprächsführung

Rhetorik, Dialektik, Gesprächsführung, Schlagfertigkeitstraining; auf Wunsch auch individuelle Inhaltsabsprachen.

Informationen erhalten Sie – kostenlos und unverbindlich – vom:

**APU – Institut für Angewandte Psychologie
und Unternehmensberatung GmbH**
Postfach 21 04
D-51574 Reichshof
Tel.: 0 22 65/92 32 Fax: 0 22 65/93 54
E-Mail: profdr.ryborz@t-online.de

Schnell nachschlagen

Schnell nachschlagen

Schnell nachschlagen